大夏书系・吴正宪教育教学文丛

给小学数学教师的建议

吴正宪 王彦伟 韩玉娟 编著

华东师范大学出版社
·上海·

图书在版编目（CIP）数据

给小学数学教师的建议/吴正宪，王彦伟，韩玉娟编著.—上海：华东师范大学出版社，2024.—ISBN 978-7-5760-5223-7

I. G623.502

中国国家版本馆 CIP 数据核字第 20243L5S72 号

大夏书系 · 吴正宪教育教学文丛

给小学数学教师的建议

编　　著	吴正宪　王彦伟　韩玉娟
策划编辑	任红瑚
责任编辑	韩贝多　薛菲菲
责任校对	杨　坤
封面设计	淡晓库

出版发行	华东师范大学出版社
社　　址	上海市中山北路 3663 号　邮编 200062
网　　址	www.ecnupress.com.cn
电　　话	021-60821666　行政传真 021-62572105
客服电话	021-62865537
邮购电话	021-62869887
地　　址	上海市中山北路 3663 号华东师范大学校内先锋路口
网　　店	http://hdsdcbs.tmall.com/

印 刷 者	北京密兴印刷有限公司
开　　本	700×1000　16 开
印　　张	12
字　　数	172 千字
版　　次	2024 年 9 月第一版
印　　次	2024 年 9 月第一次
印　　数	5 100
书　　号	ISBN 978-7-5760-5223-7
定　　价	58.00 元

出 版 人　王　焰

（如发现本版图书有印订质量问题，请寄回本社市场部调换或电话 021-62865537 联系）

吴正宪教育教学文丛

丛书编委　吴正宪　王彦伟　张秋爽
　　　　　　周卫红　范存丽　武维民
　　　　　　贾福录　韩玉娟

本册编委　（按姓氏笔画排序）
　　　　　　王彦伟　刘克臣　李兰瑛
　　　　　　李惠玲　张　杰　武维民
　　　　　　高雪艳　韩玉娟

总 序

由华东师范大学出版社2012年出版的"吴正宪教育教学文丛",受到广大一线数学教师的喜爱。正逢丛书走过第十个年头的今天,迎来了《义务教育数学课程标准(2022年版)》的颁布。借此时机,我们再学习、再实践、再反思……

十年来,我和老师们一起耕耘在三尺讲台,一边学习,一边实践,一边研究。我们不断践行并丰富了儿童数学教育思想,向"专业地读懂教材,智慧地读懂课堂,用心地读懂儿童"迈进了一步,获得了一些教育感悟,积累了一些教学经验,为今天的再版修订提供了基础。

这十年,儿童数学教育理论及儿童数学教育价值观的体系建设成为我们专业发展上的一个重要里程碑。我们更加深刻而坚定地认识到数学教育首先要关注儿童的需求,遵循儿童的认知规律开展学习活动。教师要想方设法调动儿童自主学习的兴趣和积极性,努力发展核心素养,落实教育目标。我们站在儿童的视角从核心问题入手,围绕关键能力的培育设计有价值的学习任务,开发儿童潜能，启迪儿童智慧，建立儿童自信，关注儿童人格健全发展，落实五育并举、立德树人，承担起为党育人、为国育才的重任。

这十年，我们有幸参与了教育部课程教材发展中心领衔的"深度学习项目"研究实践；有幸参与了《义务教育数学课程标准（2022年版）》的修订和解读研究；有幸走近大学的数学教育专家，与数学家面对面地对话研讨，让我们对数学的本质有了更加深刻的认识，对"确立核心素养导向的课程目标"，强调课程内容的组织"重点是对内容进行结构化整合，探索发展学生核心素养的路径"有了全新的感悟和理解。我们站在内容结构的整体视角，开展单元主题教学，对什么是"好课堂"有了一些新思考，积累了一些新案例，提炼了一些新策略，愿意和读者一起分享研究。

回望走过的十年，伴随着国家教育改革发展的脚步，我们一起成长。我带领团队成员践行从"数学教学"走向"数学教育"的育人目标；坚守"好吃又有营养"的儿童数学教育主张；努力建好数学学习的"承重墙"，打通"隔断墙"；提炼升华儿童数学教学策略；丰富完善儿童数学教育的理论体系和实践体系。

十年后的今天，这套丛书修订再版，这是一次很好的再反思、再总结、再提升的重要机会。我们特别愿意再一次与教育同行们共同思考儿童数学教育的意义，深入追问儿童数学教育的价值。我们愿意将多年来对儿童数学教育的感受、理解与实践，特别是把十年来我们对儿童数学教育的新探索、新思考、新实践，与教师朋友们分享，希望能带来一些新的启迪与思考。我们愿意和大家一起继续为高质量的儿童数学教育努力。祝愿所有的小学数学教师能在工作中享受到儿童数学教育带来的幸福和快乐，实现教学相长的自我超越！丛书的再版，武维民和张利爽做了大量的工作，从案例替换到策略调整，凸显了新课程理念的落实。感谢在丛书再版过程中团队成员智慧的付出。

北京教育科学研究院　吴正宪
2022 年 8 月

前　言

著名教育家陶西平先生把教育工作者看作怀揣教育理想的"追梦人"，我以为我和我的团队成员们就是这样一群追逐教育梦想的人。在教育的百花园中，我们义无反顾，始终怀揣理想，充满激情地与孩子们一起快乐地行走着，享受着教师职业的幸福。

不知不觉地，我已在自己钟爱的教育事业中，默默耕耘了50余年。在年复一年、日复一日的付出、奉献与收获中，我用心体验着教师职业带给我的幸福与快乐。回想当年，不满16岁的我，意气风发，初登讲台，面对比我小不了几岁的学生，紧张、忐忑……这一幕仿佛昨天刚刚发生。50余年间，也曾有过困惑、迷茫、犹豫，但我始终没有放弃心中的梦想：做儿童喜欢的老师，创造儿童喜爱的课堂，带给儿童学习的快乐，让儿童享受童年的幸福！50多年来，我在教育之路上且行且思考，感慨颇多，有很多话想说给我的教师朋友们，特别是年轻的教师朋友们。概括起来就是三个字：爱、勤、创。

爱——做好教育工作的核心。爱生活，才能感受到生活的美好；爱亲人，才能使家庭和睦；爱朋友，才能享受到友情的温暖；爱工作，才能感受到工作带来的快乐；爱学生，才能体会到教育的幸福……作为教师，我们只有真心地爱事业、爱学生，才能使内心永远充满激情，才能使工作的每一天都阳光灿烂。"一切为了孩子"是我们工作的出发点，也是我们工作的归宿。只有充满爱的教育才是"心心相印的真教育"，只有充满爱的教学才能与学生在课堂上碰撞智慧，交汇心灵，感悟灵魂。

勤——做好教育工作的基础。我一直坚信人生中许多美好的事情是从勤奋进取中获得的，在通往成功的路上没有捷径可走。年轻的教师朋友们，请珍惜大好的青春年华，你们就像早晨八九点钟的太阳，教育的未来是属于你们的。首先，要勤于学习。教育者应该是一个终身学习者，要在实践中学习，要向书本学习，向专家学习，向身边的老师学习，向学生学习。其次，要勤于思考。学生是有差异的，教材是变化的，课堂是动态的，教师必须认真思考如何使课堂教学更有效，如何使学生学得更积极主动，如何让儿童爱上数学。思考、反思和研究会使教育教学的工作更理性、更科学、更有质量。最后，要勤于笔耕。每次反思都是一个新的起点，拿起笔将教学中的所思所想记录下来，点滴的体会都是教育智慧的积累。我以为一个教师的成功主要源自后天的勤奋努力。"一分汗水，一分收获"，只有勤奋才能铺就成功之路。

创——做好教育工作的目标。发展核心素养、培养学生的创新意识早已成为全体教育者的共识，唯有"创新"才是民族发展、国家振兴的出路。"处处是创造之地，天天是创造之时，人人是创造之人。"教师要敢于创造，创造儿童喜爱的"好吃又有营养"的魅力课堂，创造"传授知识、启迪智慧、完善人格"三位一体的生命课堂。教学中，既要关注基础知识和技能，又要关注学习方法的培养和智慧的启迪；既要关注学习的结果，又要关注情感、态度、价值观的培养。我们要用智慧启迪智慧，用创造唤起创造，用心灵感染心灵，为儿童的"想创造、敢创造、爱创造、会创造"提供时间和空间，让儿童感受到学习的快乐和课堂生活的魅力，感受到智慧的涌动与自身的成长，让儿童在实践中体验，在体验中思考，在思考中创造。

在50余年的教育教学实践中，我有了一些感悟和体会，也积累了一些教育教学案例和故事。每每与专家和教师朋友们聊起这些工作中的故事和感悟时，我都会有一种幸福之感，大家也很感兴趣，有人说这是难得的教育资源，是教师专业成长的教科书。于是，团队决定把我的教育实践、教育故事、教育感悟以"给教师的建议"的形式写成书，与教师朋友们共同分享。2012年，核心成员王彦伟、韩玉娟带领团队成员围绕我的"儿童观""儿童数学教育观"和"数学课堂教学实践"，进行了多次研讨，在专家们的指导下，完成了《吴正宪给小学数学教师的建议》一书。书中按照四部分进行了梳理，分别是"把教育作为人生幸福的源泉""真心与儿童做朋友""让学生真正成为学习的主人""好吃又有营养的数学课"。这些故事里面融入了团队成员对教育的热爱与思考，感谢他们用心、用情、用智慧、用勤奋完成了这本书稿。那一个个鲜活的故事，那一节节生动的课例，一切都像是刚刚经历过的一样。对学生的热爱、对教育的执着、对课堂的痴迷，伴随着我的教育生涯，它们是我生命中的重要经历。本书在出版十余年中得到了众多一线教师的喜爱，多次加印。为了更好地呈现近些年团队的研究成果，我们对该书进行了修改完善，并更名为《给小学数学教师的建议》。

感谢教师工作，让我在平凡的岗位上结识了一群群真诚、友善的儿童，并与之朝夕相伴；感谢教师工作，让我远离浮躁，用纯净的心做专业的事。是这份神圣的教育工作，让我能静下心来有机会寻找被渐渐遗忘的童趣，倾听儿童原生态的、充满生机的智慧心声，体验儿童创造的精彩，分享儿童克服困难后的喜悦。

教师朋友们，我们因教育而结缘，因儿童而精彩。愿我们手牵手，满怀激情与憧憬，一起追逐教育梦想，在教育之路上幸福地行走。

吴正宪
2023 年 8 月

目 录

第一辑　把教育作为人生幸福的源泉

1. 做一个善良的同路人　　　　　　　　　　003
2. 从学"术"到悟"道"　　　　　　　　　　008
3. 树立正确的教育观　　　　　　　　　　　010
4. 热爱数学是教育的智慧源泉　　　　　　　012
5. 勤奋成就美好　　　　　　　　　　　　　014
6. 做充满诗情的教育者　　　　　　　　　　019
7. 给童年烙上数学印　　　　　　　　　　　023
8. 教育科研为成长助力　　　　　　　　　　025
9. 做爱读书、会读书的老师　　　　　　　　028
10. 享受高品位的教师职业生活　　　　　　　033

第二辑　真心与儿童做朋友

1. 真教育是心心相印的　　　　　　　　　　039
2. 读懂儿童，把儿童放在心上　　　　　　　041
3. 帮助儿童跨越学习的障碍　　　　　　　　048
4. 用真情唤起儿童成长的力量　　　　　　　050
5. 用激情点燃能量的火把　　　　　　　　　053
6. 将平等与公正刻在心中　　　　　　　　　056
7. 悦纳儿童的不成熟　　　　　　　　　　　058
8. 满腔热情地保护"火种"　　　　　　　　　061

9. 让每个儿童都能抬起头来走路　063
10. 给儿童重新跃起的机会　065

第三辑　让儿童真正成为学习的主人

1. 有教无类是大爱，因材施教是智慧　071
2. 把"空白"留给儿童　078
3. 良好的开端是成功的一半　080
4. 在动手操作中激活经验　083
5. 让儿童在对比交流中学会反思　085
6. 培养儿童思维的创造性　087
7. 培养儿童思维的批判性　091
8. 培养儿童思维的敏捷性　094
9. 培养儿童思维的深刻性　098
10. 为儿童搭设开放的舞台　101

第四辑　创设"好吃又有营养"的数学课堂

1. 创设让儿童充满期待的好课堂　105
2. 在生活中学数学　108
3. 在真实情境中学数学　110
4. 在对话中学数学　114
5. 在操作中学数学　117

6. 在数形结合中学数学　　　　　　　　　　121

7. 在"问题串"中学数学　　　　　　　　　　124

8. 在深度理解中学数学　　　　　　　　　　129

9. 在自主提问中学数学　　　　　　　　　　133

10. 在转化中学数学　　　　　　　　　　　　136

第五辑　在整体把握中进行结构化教学

1. 在整体把握中学数学　　　　　　　　　　141

2. 促进教学内容的结构化　　　　　　　　　144

3. 给儿童栽种一棵棵"知识树"　　　　　　148

4. 帮助儿童构建知识结构图　　　　　　　　150

5. 整体把握"数与运算"主题教学　　　　　153

6. 整体把握"数量关系"主题教学　　　　　155

7. 整体把握"图形的认识与测量"主题教学　158

8. 整体把握"图形的位置与运动"主题教学　161

9. 整体把握"数据的收集、整理、表达"主题教学　165

10. 整体把握"综合与实践"主题活动　　　170

后　记　　　　　　　　　　　　　　　　　　175

第一辑

把教育作为人生幸福的源泉

1. 做一个善良的同路人

这世间的角角落落，都会有善良的人、善良的心。想起春日的天空下，蒲公英的种子，借着微风的力，就飘向田间的角角落落，落地就生根，生根就发芽，然后开出一片灿烂金黄的花。那一颗颗善良的心，也会像这种朴素的种子，借一股东风，让最真最美的花，开遍世间的每一个角落。

多么美好的一幅画面！做人，就应该做一个好人，做一个善良的人，善良的人心中有爱。教师更应该努力做一个善良的同路人，就如蒲公英一样，在儿童心中播撒善良的种子。

有一种善良叫"理解"

一个漫天飞舞着雪花的早晨，上课铃响了，教室里还有几个座位空着。不一会儿，"报告""报告"不绝于耳……一群"战将"余兴未消地回到课堂。就在我回身板书的一瞬间，一个冰冷的雪球扔进了一位同学的脖子里。随着"哎呀"一声大叫，教室里爆发出一阵哄笑。我气愤地瞪了他们一眼，真想把这几个"肇事者"轰出门外，但是在与学生的目光碰撞的一刹那，我看到了孩子们眼睛里传递出的企盼与渴望。我不由得抬眼望望窗外，纷纷扬扬的雪花织成密密的银白色帷幕，我的内心一下子平静了，忽然理解了孩子们。

"其实，我和你们一样也非常喜欢在这银白的世界里堆雪人、打雪仗，课上我们好好学，课后我们一起去天坛公园打雪仗，好不好？""好！"同学们欢呼雀跃起来。过后，孩子们竟然定下心来上课了。这是理解产生的奇效。

在古老的天坛公园里，银装素裹的纯洁世界中，飞扬着我和孩子们的一串串笑声，留下了我和孩子们追逐嬉闹的足迹。就是这种"善解学生意"让我与孩子们的心贴得更近了。玩就痛痛快快地玩，学就认认真真地学。

有一种善良叫"尊重"

我执教《分数的初步认识》时，考虑到学生是第一次认识分数，就让他们结合生活经验，举出自己在生活中所发现的表示一半的事例。有的学生用画图的方法将一个圆分成两半，有一个男孩画了一个桃，用一把刀将它切开，旁边还有两片桃叶。这时我出示了 $\frac{1}{2}$ 这个分数，告诉学生："所有这些都可以用 $\frac{1}{2}$ 这个分数来表示，这就是你们心中的'一半'。"接着，我随手就把黑板上的这些图都擦掉了，因为按照设计，要利用黑板展示得出 $\frac{1}{2}$ 的过程，引出分数的概念。

这时，我发现刚才画桃的那个男孩很生气，用力把文具盒一扣。下课后，我问他："刚开始上课时你那么积极，后来为什么不举手回答问题呢？"没想到男孩反问道："为什么一开始您让我们用图画表示，后来又把我画的桃擦掉？"这时，旁边的同学说："老师，他是全校画画第一名，他画的画可漂亮了！"我尴尬地站在那里，无言以对，陷入反思中，心里一遍又一遍地问自己：我真正尊重孩子了吗？

后来再上这节课时，我对这个环节进行了调整，遇到有孩子不愿擦去自己画的 $\frac{1}{2}$，我就特意把他们画的用红笔圈起来，告诉大家："这是同学的学习成果，要尊重。"但是随着教学过程的深入，$\frac{1}{3}$、$\frac{1}{4}$……逐渐出现，他们会自觉地擦掉自己的图，逐渐接受分数的表达，我也总是耐心地等待着……

尊重首先是宽容与理解。伤害也许就发生在不经意间，可能是一句话，可能是一个举动，也可能是一个眼神。当孩子们柔弱而敏感的心感受到别人对自己的尊重时，就会开始学着如何尊重别人，从而也更加喜欢尊重孩子们的老师。

有一种善良叫"博爱"

2008年2月19日，《北京日报》刊登了一篇题为"8岁女童撑起一个家"的报道：北京市大兴区一个8岁女孩孙宝春，家有患病的爷爷、聋哑的姐姐，她经常"天不亮就起床，给爷爷喂药做饭"，"自己啃馒头就咸菜，却经常给姐姐买火腿肠"。在自己家庭非常困难的情况下，她还"帮助有困难的同学，热心班级事务"。一个年仅8岁的小姑娘，用她瘦弱的肩膀撑起一个风雨飘摇的家。

看完此篇报道后，我的心情久久不能平静，我被小姑娘顽强、乐观、向上、勤奋、善良、乐于助人的品格深深打动，也为她的生活处境感到震惊。我把这篇报道读给家人听，他们和我一样，也被感动了。怎样才能给这个过早承受生活重压的小姑娘以真诚的关爱和帮助呢？最终我和家人为孩子送去了助学资金。

得知此事后，团队成员也纷纷献出爱心，并组织了爱心助学活动——看望宝春，为宝春提供生活与学习上的帮助。

帮助亲人容易，帮助朋友容易，帮助那些真正需要却又素不相识的人并不是人人都能做到的。善良使人们变得博爱！

每个人对善良的解读都不相同。在 50 余年的教师生涯中，我一直"快乐着学生的快乐"。在学生失败的时候送上一个温暖的眼神并给予真诚的帮助，在他们成功的时候送上一句温馨的祝福，在他们痛苦的时候送上一个关怀的拥抱，在他们有困难的时候伸出一双温暖的手……这些都是小事，但为人师者应"不以善小而不为"。愿我们都能成为善良的同路人，为孩子送去知识的同时播撒下善良的种子，总有一天，这颗种子会发芽、开花！

有一种善良叫"等待"

我认为"有教无类"是大爱，"因材施教"是智慧。儿童是未成熟的个体，我们要学会等待、期待和善待，每个儿童有自己成长和发展的速度，我们不能搞"一刀切"，要因人制宜、因时制宜，给学生发展的空间，静待花开。

一位老师在听了我的《小数的意义》这节课后说，课堂上的几次"不急"，让她记忆深刻。一是在知识生长点处"不急"。把一张长方形纸平均分成 10 份，在涂满 6 份用 0.6 表示后，我在第 7 份中涂了一小块红色，问同学如何表示阴影部分，一个小男孩不好意思地告诉我，他还没有想好。这时我笑着说"不急"，让孩子慢下来深度思考，经历新的计数单位产生所需的必要过程。二是在突破难点处"不急"。在理解 0.66 里面两个"6"所表示的具体含义时，关于两个"6"是否一样，孩子们出现了不同的声音，一个女孩想急于表达想法，但又说不清楚，这时我告诉她"不急"，咱们讨论讨论。孩子们遇到真问题，体会到了合作学习发生的必要性。三是在处理学生的生成中"不急"。课堂上有个男孩想到了小数的性质，说到 0.60 和 0.6 相等，但是表示的意义不同，这是课堂的生成资源。我予以评价，告诉男孩"不急"，以后会继续研究，很自然地又把重点引导到 0.66 所表示的具体含义上，凸显本节课学习的重点。

"不急"是教师对待学生的一种态度，是对学生的理解、包容、期待，更是一种平等的视角，使学生能按自己的速度成长。老师给予学生尊重，给孩子思考的空间和时间，站在学生的角度去想问题，等待、期待、善待每一名儿童的成长。

吴老师说：

教师是儿童最重要的朋友之一，要尊重、理解、善待、帮助儿童。教师是儿童学习的引导人，要以教学智慧、广博的知识、强烈的责任感、高尚的人格引领学生学习、快乐成长。教师要鼓励儿童去发现、去思考。每个儿童身上都有探索的欲望，他们希望用自己的感官亲自观察，独立作出判断或者得出结论，教师要让学生体验成功的乐趣。

"一个都不能少"的期待。教师要对每一位儿童充满期待，激发和促进儿童的"内在潜能"，教师对儿童抱有期待，儿童就会取得教师所期望的进步。

2. 从学"术"到悟"道"

教师都希望自己能上出好课，为此年轻教师常常模仿老教师的一招一式。但时常事与愿违，表面上看似同样的招数（即"术"），怎么教学效果就不同呢？殊不知"术"的背后常常蕴藏着深刻的"道"。

"如何在这一招一式的背后去挖掘深刻的道理，完成从学习教学技术到感悟教学规律的升华，真正提高执教能力？""如何立足儿童，通过有效的教学策略上好每一节数学课？""如何让每位学生获得高质量的数学学习，提升核心素养？"这是吴正宪小学数学教师工作站的研究课题——儿童数学教育理论的本土理论与实践研究。

作为小学数学教师，我认为有两件事很重要：一是理解儿童，二是理解数学。只有在理解儿童、理解数学的基础上才能更好地理解儿童数学教育。

理解儿童，就是要把儿童放在心上，遵循儿童发展规律。我们要清楚地知道，儿童现在在哪里，我们要把儿童带到哪里，儿童是怎么到达那里的，这里涉及了儿童的经验基础、教育目标和教学过程。我们要关注每一位儿童成长中的困惑和点滴变化。儿童的数学学习就是对已有经验重新建构的过程，它不再只是教儿童会计算、会做题、会考试，而是更重视数学核心素养的培育、数学思想和方法的习得，启迪儿童智慧，激发儿童潜能，培养儿童人格。

理解儿童，就要走近儿童，读懂儿童，善于站在儿童的立场设计和实施教学。教师要弄清楚儿童已有的认知起点在哪里，包括已有的知识基础、生活经验、思考问题方式，特别是儿童在学习中可能遇到的认知障碍、困惑等。只有真正地理解和读懂儿童，教学才能更贴近儿童，才能使儿童确有实际获得。

理解数学就是要把握住数学的本质，把"根"留住，遵循数学教育规律。理解数学就是新的数学知识进入个体认知结构，并与原有认知结构中的旧知识整合的过程。这个过程对于数学学习有着重要的意义。

我们知道，数学知识不是孤立存在的，也不是简单汇集，数学知识本身是有其独特的结构和体系的。新知识常常是在原有知识体系中"老枝发嫩芽"。教学中，教师要善于打通知识之间的联系，抓住数学的本质，溯本求源，把根留住。教师要引领儿童一起经历新知识在旧知识基础上生长出来的过程，用熟悉的例子解释难懂的概念，这样的学习自然生成且易于被儿童理解与掌握。

我想说：好课不是靠说出来的，好招不是靠模仿出来的，好教师不是靠教出来的，而是在长期的教学实践中摸爬滚打历练出来的！我们要在这一招一式的背后去感悟、发现深刻的道理，自觉完成从学"术"到悟"道"的蜕变，真正提高执教能力，让每位学生获得高质量的数学学习。

3. 树立正确的教育观

"好教育是什么？"似乎从做老师的那一刻起我就开始了自问，不知问了多少回，但一直不得其解，不得其解还在问。我想每一位教育路上的追梦人都有过这样的执着与痴情吧。

初为人师的时候，我使出浑身的解数，调动生命中所有的热情，投入其中。课堂上，我不知疲倦地讲解，每篇文章、每个例题都不敢放过，生怕哪一句落下。每逢毕业班和数学竞赛，加班、加点、加课成为常态，不遗余力，刷卷子、海练题、拼高分，日复一日，年复一年。当我照本宣科，在"满堂灌"的课堂教学中乐此不疲时，终于有一天，我停下了脚步……

那是一个初冬的下午，教室里一个男孩无精打采地趴在桌子上，显得倦怠而孤独。他面无表情地在本子上乱画，一行字慢慢清晰："我不喜欢和同学玩儿，我不喜欢上学，也不喜欢回家……"那天放学后我与他谈了良久。当我把他送到母亲身边时，月亮已经爬上了天空。我与他相拥告别，彼此的眼睛里都闪着泪花……几十年后的今天，我还会时常接到他的电话。同学聚会上他第一个站起来："报告老师和同学们，我儿子现在也生了个儿子。"笑声回荡在整个房间，他的儿子成为北京特教学校的一名教师，如今成为北京市优秀教师，我们成了一生的好朋友。

"教育是什么？"我用心自悟……

教育是理解。儿童成长需要理解。鲁迅先生说：对孩子的教育"开宗第一，便是理解"。苏霍姆林斯基说："我敢拿脑袋担保：如果学生不愿意把自己的欢乐和痛苦告诉老师，不愿意与教师开诚相见，那么，谈论任何教育都终归是可笑的，任何教育都是不可能的。"理解就是用心灵去感悟心灵，理解需要换位思考。教师要站在儿童的立场，用心去倾听儿童的心声，设身处地地为儿童的成长着想。理解了，生命与生命才会产生积极的相互影响。

教育是尊重。儿童是有情感、有个性、有独立人格的完整生命体，生命需要尊重。没有爱就没有教育，爱的核心是尊重。尊重儿童的人格，尊重儿童的成长规律，按规律教学就是最科学的教育。我们要把儿童当作大人那样去尊重，又要把儿童当作小孩子那样去读懂。

教育是激励。儿童是发展中的人，既有潜力，又不成熟。开发儿童的潜能，包容儿童的不成熟，都需要激励。教育是点燃，是唤醒。教师要善于激发学生的学习兴趣和求知欲望，鼓励儿童创造。教师要善于给儿童机会，使其发展的可能变为现实。

教育是呵护。儿童成长需要呵护，教师要小心翼翼地保护好儿童的自尊心、自信心。苏霍姆林斯基说："把学习上取得成功的欢乐带给儿童，在儿童心里激起自豪和自尊，这是教育的第一信条。"只有这样，儿童的心灵才能舒展，才能有幸福的感受。儿童是否幸福，这是教育成败的关键。

教育是生活。"生活世界"是直观的、具体的、现实的，因而也是丰富的。儿童在日复一日的生活中慢慢长大，生活就是最好的教育。正如陶行知先生所言："生活即教育，社会即学校。"生活是永恒的教育。

4. 热爱数学是教育的智慧源泉

做教师，要爱教育，爱孩子；做数学教师，要爱数学，爱数学教育。只有热爱数学的人，才能被数学的魅力深深吸引；只有热爱数学的人，才能被数学的魅力深深打动。

数学丰富多彩，数学生动活泼，数学耐人寻味，数学体现在生活的方方面面："年年岁岁花相似，岁岁年年人不同"是周期现象的特写；孙行者，者行孙，孙悟空的名字便成了排列组合；"曹冲称象"触摸到了等量代换的推理；"没有最好，只有更好"展现着极限的思维方式；神奇的"莫比乌斯带"成就了游乐场里的翻滚过山车……

然而，在许多人眼里，数学是抽象的，学习数学是枯燥的，因而他们对数学望而生畏。但是数学又是有用的，每一个人的生活和学习都离不开数学。好的数学教学可以使学生产生兴趣，进而不懈地探索数学的奥秘，而不好的数学教学可能把学生的学习兴趣扼杀在学习数学的初级阶段。从这个意义上说，小学数学教育作为学生学习数学的启蒙阶段就显得十分重要。让每一个学生对数学产生兴趣，感受到数学的价值和魅力，这对于小学数学教师来说，既是挑战，也是一份责任。

数学的抽象性和严谨性，决定了学习数学和研究数学必然需要智慧，需要思考。数学教育的任务正是教育者要将抽象的、枯燥的数学，演绎成学生感兴趣的、可以接受的，又不失数学本质和数学价值的形式，并展示给学生。数学教师应当用有效的方式启发与引导学生探索数学的奥秘,并使他们在探索和学习的过程中对数学产生兴趣,学到有用的东西。

在多年的实践探索中,我不断地探寻数学教学的方法,研究数学与数学教育的规律,并且和团队成员一起总结出"为儿童提供'好吃又有营养'的数学教育"的理念。这一理念贯穿我的数学教育活动全过程,体现了我对数学和数学教育价值的理解与探索。

"有营养"的数学就是学生在学习数学知识的过程中获得终身可持续发展所需要的基本知识、基本技能、数学思想方法、科学的探究态度及解决实际问题的创新能力。一言以蔽之,"有营养"的数学一定是有后劲的,是可持续的,是促进核心素养发展的数学教育。

"好吃"的数学就是把"有营养"的数学"烹调"成适合孩子口味的数学,即孩子们喜欢的数学、爱学的数学、乐学的数学、能学的数学,也就是能给孩子们带来良好感受的数学。一言以蔽之,就是为儿童创造满足需要的数学课堂。

儿童学习数学面临的最大问题在于他们感受不到数学学习的快乐。我们常常以成人的眼光审视严谨、系统的数学,并以自己多年来习惯了的方式将数学"成人化"地呈现在孩子们的面前,对孩子们的奇思妙想并不在意,忽视了儿童的心理特点和已有的数学活动经验。作为教师,我们有责任为儿童创设学习的生态环境,激发他们学习数学的兴趣。

经验表明,高质量的数学教育就是引导孩子在学习中充满好奇心与求知欲,有滋有味地学数学、做数学,让他们拥有对数学学习的良好感受和丰富难忘的数学活动体验,经历难忘的数学学习过程,从中获得数学知识和技能、数学思想和方法,并应用逐步养成的数学思维来认识和解决学习与生活中的实际问题。

5. 勤奋成就美好

我不满 16 岁就走上讲台，从一所不知名的小学起步，后来成为优秀教师、特级教师，获得"北京教科院职业道德标兵"、"全国模范教师"、首批"首都基础教育名家"、"北京市政府人民教师"等称号，并成为享受国务院政府特殊津贴的专家。几十年来，我得到了社会的认可和教师、学生的尊重，并不是因为我有什么特殊本领，而是因为我真诚地爱儿童、爱教育。我坚信：成功 =99% 勤奋 +1% 天分。

过好教材关

初中毕业后，我就走上了讲台，成为一名小学教师。先天不足如何弥补？我只有更加努力、更加勤奋。

1980 年我开始教数学，那年暑假我找来 1～12 册小学数学教材，把全套教材中所有的例题、思考题以及有代表性的练习题全部做了一遍，并根据数学知识的内在联系整理成知识网状图，整理了一大本厚厚的学习笔记。记不清有多少个夜晚，我在台灯下认真演算着数学题。凡是要求学生发散思维、一题多解的题目，我自己先做。遇到数学奥林匹克竞赛辅导中的高难度题目，我就在一张张草稿纸上演算，后来草稿纸摞起来比写字台还要高。就这样，在较短的时间内，我攻下了第一关——教材研读关，为自己数学素养的提高奠定了基础。

为了上好课，我精心设计每一节课，关注知识之间的前后联系，关注学生的需求。我常常向身边有经验的教师请教，与他们讨论自己在课堂上出现的问题；经常走进其他教师的课堂，研究优秀教师的教法，把有效的教法运用到自己的课堂上。

教师仅仅能驾驭教材是远远不够的，我开始有计划地学习教育科学理论。我阅读了大量的教育理论书籍，注意从各种教育报刊中捕捉信息，写下了几十万字的学习笔记。至今，20多本密密麻麻写满学习体会的笔记本和教学随笔还珍藏在我的书柜中。

刚刚走上工作岗位的我，凭着自己的勤奋、努力，坚持过好教材研读关、课堂设计关、理论学习关，努力钻研并虚心向同伴和书本学习，平稳地走好了职业生涯中关键的第一步，开始胜任教学了。

辛勤拜师路

当我在数学教学改革之路上蹒跚摸索的时候，马芯兰老师鲜活的教改经验令我眼前一亮，这不正是我想看到的课堂场面吗？我好像在茫茫的沙漠中看到一块生命的绿洲。我下决心要向马老师"取经"，便一头扎进马老师的课堂。那段日子令人难忘！那时候我的孩子还小，每天早上天未亮，我就把睡梦中的女儿唤醒，从东直门乘车把她送到天坛幼儿园，再骑车疾奔朝阳区幸福村中心小学，听马老师的第一节数学课，然后再返回学校上课。白天紧张地工作，晚上静下心来反思，记下学习的收获和体会。在马老师教育思想的影响下，我开始了小学数学教学改革的艰辛探索。那辆小小的自行车，驮着我和我的教学梦在天坛与幸福村之间穿梭，并最终把我带到教育的幸福中。

我特别渴望自己在专业上的成长。我以优秀教师为资源，从他们的实践和经验中汲取营养。课余时间，我积极参加教研室组织的教研活动，认真聆听专家报告，观看优秀教师的课堂。无论刮风下雨、严寒酷暑，我都追随着刘梦湘老师、廖玉田老师、马芯兰老师、张梅玲教授、周玉仁教授、顾汝佐老师……在一个个深入浅出的报告中,在一节节精彩的课堂中,我感受着教育理论的力量,享受着课堂生活的美好。

踏上改革路

20世纪80年代初期,教师教得辛苦,学生却不爱学;教师教学很投入,学生的学习效果却不佳。只图分数的提高,不顾学生身心健康和道德修养,这样的教学能培养出适应未来社会需要的合格人才吗?我困惑着,思考着……

我努力在特级教师刘梦湘等专家的指导下,以"减轻学生负担,提高教学质量,促进学生全面发展"为出发点,勇敢地进行了前所未有的"小学数学归纳组合法"的教学实验(简称"六条龙"教学)。这项实验从教法、学法到考法进行了全方位的改革,提出了"自学""讨论""操作"等10种学习方式,总结了"对应""转化""假设"等14种思维训练方法,促进了学生创造性思维的发展。特别是在考试方法上,我还进行了大改革,将笔试测验变为闭卷与开卷相结合、考试与平时相结合、知识与技能相结合、智力因素与非智力因素相结合的方式。此项实验在1987年通过了中央教育科学研究所、中国科学院心理研究所、北京师范大学教育系、北京市教育局等10个有关单位专家的鉴定。多家报刊进行了报道。此项实验后来被列为北京市重点教育科研项目,获得"北京首届教育科研成果奖",引起教育界同行的关注。

正是从"六条龙"教学实验开始,我走上了教育科研之路,并在教育研究与教学改革的路上渐行渐宽。在各类课题的研究中,我不断走近数学的本质,寻找学生的认知规律,触摸学生思维和情感的深处。

试问哪一项改革实验不需要额外的时间、精力?哪一项课题研究不需要学习和查找大量的文献、资料?凭着自己对教育的热爱,凭着自己的勤奋与执着,我坚持下来了。

在通往成功的路上，没有捷径可走。回望自己专业成长的足迹，我没有令人羡慕的高学历，也没有与生俱来的特殊本领，只是多了一些坚持和耐力、热爱和勤奋。我始终坚信，人生中许多美好的东西都是从勤奋进取中得到的，要吃别人不愿吃的苦，要花别人不肯花的时间，要下别人不愿下的功夫！

明确儿童数学教育主张

2000年后，国家新一轮课程改革的到来，又一次燃起了我进行教学改革的激情。我从儿童心理发展需求和认知规律的视角重新审视小学数学教学。那时，我第一次提出了"好吃又有营养"的儿童数学教学主张。从那个时候开始，在我的脑子里，"小学数学教学"被"儿童数学教学"取代了。"儿童"从那个时刻走入了我的心中，且越走越深……它时刻提醒着我和我的同事们，我们的服务对象不是一般意义的学生，而是极具孩子特点的儿童。儿童需要拥有含金量的数学知识，更需要以"切合度"的方式来开展学习活动。也就是从那个时候起，"学习内容与学习方式"双重的价值取向成为我缺一不可的教学关注点。为儿童提供"有营养"的数学教学，就是要选择有价值且丰富的学习资源，要坚守数学发展规律，坚守儿童学习规律。"有营养"的数学教学，教师首先要读懂数学，读懂教材，抓住数学的本质进行教学，为基础知识定准位、打好桩。为儿童提供"好吃"的数学教学，就要关注儿童的心理需求，遵循儿童的年龄特点，创设好玩又有意思的学习情境，设计儿童喜爱的数学活动。二者有机结合，使有意义的数学变得有意思，使有意思的数学活动变得有意义。

2010年后，随着课程改革逐步走入深水区，我进入了更加理性的思考阶段。我再一次叩问教育的本质，追问数学教育的价值。此时的我陷入了深深的思考之中……慢慢地，一条鲜明的思路强烈地呈现在我面前——"立德树人、聚焦核心素养的培育"是教育之本，是教育之魂！它必须成为教育的出发点与最终归宿！就是那时，我第一次提出了"从数学教学走向数学教育"的主张，使数学教学由单纯的数学学科走向丰富的数学教育，达到了促进儿童全面发展的目的，并将系列文章连续发表在《光明日报》上，产生了良好的社会反响。此时的我对儿童数学教育的价值有了更深刻的理解和感悟。我继而再追问："如何在具体的数学学科教学中落实立德树人，培育核心素养？"慢慢地，一条清晰的思路又一次强烈地呈现在我面前——用心挖掘数学教学中的育人潜能。数学教育是人类理性探索求知精神受到潜移默化影响的过程，是数学文化传承的过程，是完善人格的教育过程。我首次提出了"在儿童人格成长中烙下五颗数学的印"，即"诚实守信、遵守规则、坚守责任、拥有毅力、反思自省"，让数学学习的过程成为健全儿童人格与培育核心素养的过程，真正实现立德树人。

6. 做充满诗情的教育者

教育需要激情，也要诗情，要用激情和诗情唤醒学生的智慧，在潜移默化中成就学生的健全人格。对艺术家来说，最大的幸福是创作出让大家满意的作品；对教师而言，最大的快乐是在课堂上激发学生的热情，与学生心灵交融，碰撞智慧。

美丽的陷阱

在课堂上，我们可以设置各种教学情境，让学生在这些情境中自主发现、自主学习。例如，我曾听过一节三年级的数学课《掷一掷》，老师的设计很巧妙。

老师问："两个骰子同时抛，朝上的两个数相加的和可能是几呢？""2""3""4""5"……"11""12"，同学们争先恐后地说着。老师又问道："这11个数分成两组，5、6、7、8、9为甲组，2、3、4、10、11、12为乙组，掷十次骰子，你认为哪组获胜的可能性大呢？""甲组！""乙组！"同学们争论不已。"说说理由吧。"老师刚说完，只见说"乙组"的同学高高举起小手，理直气壮地说："一共11个数，乙组一共有6个数，而甲组只有5个数，当然乙组获胜的可能性大了。"

听他说得振振有词，同意甲组的同学有些动摇了。此时，有同学大胆地表达自己的意见："甲组虽然只有5个数，但是都比较好得到。所以我坚持认为甲组获胜的可能性大。"不少同学跟着点头。老师不动声色地问："同学们有了两种意见，似乎都有道理，怎么办呢？""试试呗！""掷10次骰子！"在同学们的呼声中，实验开始了……

多有智慧的老师啊！一个小"陷阱"就把孩子们的认知冲突暴露出来了。学生由于年龄小、考虑问题片面、逻辑思维能力较弱等，在解决问题时常会出现各种错误。在数学课堂教学中，如果教师适时、合理地设置"陷阱"，让学生充分暴露运用知识过程中易犯的错误，然后针对错误引导学生展开讨论、深入剖析，培养学生抓住问题本质，全方位、多角度地分析问题和解决问题的能力，就可以激发学生强烈的求知欲，达到事半功倍的教学效果。

数学课上的"陷阱"，就像一首首美丽的诗，学生听了会不由自主地"深陷"其中，教师听了也不禁流连忘返。

如果教师围绕数学本质精心设置一些小"陷阱"，就可以让课堂变得活跃且充满思辨的气息。

思维的波澜

亚里士多德说："思维自疑问和惊奇开始。"一节精彩的数学课，教师总会设置一个个悬念，让学生不自觉地投入思考中，这样，数学知识就不再是由教师灌输给学生的，而是学生自己体悟、探索得到的。例如《重叠问题》的教学，如何使学生认识到重叠现象，如何认识和理解集合圈的作用，知道集合圈中的每一部分表示什么，这些是本节课的难点。一位年轻老师是这样进行教学的：

一上课，老师选了4个同学来参与报数游戏。第一轮游戏中获胜的 2 个同学继续留在台上，又选了 3 个同学与刚才获胜的 2 人一起参与第二轮游戏。最后老师问：一共有几个同学参加了报数游戏呢？

老师让同学们尝试自主解决。有的同学认为：4+5=9（人），还有的同学这样算：4+5-2=7（人）。老师先请运用第一种方法的同学进行解释："第一次 4 个人，第二次 5 个人，就是 9 个人。"此时运用第二种方法的同学早已按捺不住了："还有 2 人是重复的呢！"

这时老师拿出两根学生平时用的跳绳，系成了两个圈，站在教室的左侧："我们请参加第一轮游戏的同学站在这个红圈里。"参与第一轮游戏的 4 个同学都站了进去，老师还带着同学们数了数。她又走到了教室的右侧："参加第二轮游戏的同学站到这个绿圈里。"只见后来参加游戏的 3 个同学快速地站了进去。此时，有趣的一幕出现了，红圈里的 2 个同学跑出来钻进了绿圈。"不行，不行！""回去！"这 2 个同学赶紧又钻出来，站在教室中间，有点儿不知所措，到底何去何从呢？老师故意问道："怎么啦？你们两个想去哪儿？""我们参加了两次游戏，应该在两个圈里。""我们既在红圈里，又在绿圈里。"

在老师的引导、其他同学的帮助下，红圈里剩下的 2 个同学集体移动过来，把那 2 个同学套进去，这 4 个同学又集体移动到绿圈旁边，只见那 2 个同学又钻进了绿圈里。这时，他们站在了两个圈的交汇处。"对了，对了！"有同学大声地说。"快数数，这是几个人呢？每一部分的人数分别表示什么意思呢？"老师根据学生的位置，把结果画在了黑板上——集合圈就在学生游戏、交流、思维碰撞中生成了。

如果一堂课可以用一条河流来作比喻的话，那么，它的无限风光，不是在笔直的河床平静地流淌，而是在曲折不平处奋力向前。一堂课中那些一波未平一波又起的思维波澜，让我们欣赏到教学的魅力。学生的思维由平衡到不平衡再到平衡，循环往复，一步步深化，一步步接近真理。

一个优秀的教师，应该善于激起学生思维的涟漪，把课堂的温度建立在思维的深度上。当然，我们上课不仅仅是用理智上课，也应该展现我们的喜好、兴趣和幽默，投入我们的情感，使学生受到感染，产生情感上的共鸣。

7. 给童年烙上数学印

阳光从洁白的纱幔中缓缓地射进书房，柔和地泻在我的书桌上。在多年的教学实践与探索中，我常常问自己："数学教育到底要为儿童留下什么？该为童年烙上什么样的数学印？我的教学实践能给广大一线教师带来怎样的思考与借鉴？"

回首 50 余年的教育生涯，我对儿童数学教育理念有了进一步的认识和深刻的解读。我认为小学数学教育要为孩子终身可持续发展打下坚实的基础，要关注科学精神的培养，数学教育要教人做真人、教人守规则、教人懂自律、教人常自省、教人拥有毅力、教人敢于承担责任……

很多人认为学习是一件苦差事，尤其是数学的学习很是枯燥、乏味。为了扭转这一认识，几十年来，我在努力实践着：让学生快乐地学习数学，在数学的学习中找到生活的自信。

2009 年的一次学生聚会，让我真真切切地体会到：小学数学是孩子一生成长的奠基石，小学数学教师任重而道远啊！

那年暑假，30 年前的毕业生聚会，大家兴奋的心情溢于言表。看着他们一个个家庭幸福，生活美满，我打心眼里为他们高兴。虽然他们已人到中年，但是我依然能够看出他们当年的模样。当年的"小捣蛋"李强激动地说："吴老师讲课中的'向前看'给我留下最深刻的印象，让我受益终生。"上学时不爱说话的徐庚也按捺不住内心的感慨："是吴老师给了我一生的自信。当生活中遇到大大小小的坎坷时，只要想到您，我的心中便会充满力量，我把您当成一生的领航者！"

听着学生的诉说，我的内心也无比激动。30年前的事情，对快乐的学习体验他们依然记忆犹新，自信、乐观的生活态度伴随他们的一生，也传递给了他们的孩子。对学习的热情、对数学的热爱、坚强、有毅力、充满自信，这些不都是小学数学教育给孩子的童年烙上的数学印吗？

正是这次聚会，让我对数学教育有了更深的思考。在多年的教育实践与探索中，我用热爱、理解、勤奋、智慧创造孩子们喜欢的课堂，让他们能快乐地学习数学，学习数学的知识、历史、文化，并在学习的过程中感受数学的魅力。在数学教育的过程中，我朝着"传授知识、启迪智慧、完善人格"的方向不断努力，培养孩子们的科学精神，以自己的人格潜移默化地影响孩子们，也使自己的人生价值得到最大的体现。

童年只有一次，我们这些满怀教育理想的追梦人，应为孩子的童年烙上难以磨灭的数学印，让每个孩子都拥有快乐的童年。

8. 教育科研为成长助力

在我成长的过程中，教育科研始终为我助力。起初，我并不知道什么是科研，只是跌跌撞撞地闯到了教育科研的道路上。后来，我逐渐认识到科研的力量，便不自觉地走近它，痴迷于它。

20世纪80年代初期，教育界片面追求升学率的现象十分严重，为了应付考试，校内大搞题海战术，校外作业堆积如山。教师劳累过度，学生疲惫不堪……面对这样的现实，我陷入沉思：难道这样就能培养出合格人才？难道除此之外就找不出其他途径吗？只图提高分数，不顾学生的身体状况、道德修养和能力发展，这不仅是教育的失职，也是对社会、对未来的不负责！我下决心要用自己的努力探索出一条适合学生实际、有利于学生发展的教学新路。

就这样，我很快投入小学数学改革之中。当时我天真地认为，改革小学数学教学就是减轻学生的负担，将数学知识提前教给学生，比别人先行一步。我认为理论研究是科研部门的事，与一线的小学教师关系不大，在自己朦胧的意识中也没有科研的位置，不曾想过也不曾估量过教育科研理论会对教学改革发挥多大的作用。但是，当我在教学改革的道路上蹒跚地向前摸索时，当我遇到了一个又一个难解的问题时，教育科研理论却神奇地闯进了我的视野，让我自觉或不自觉地开始了理论与实践的行动研究。

改革小学数学教学首先是改革教材。为了赶进度，我把下学年的教材刻印成讲义，提前交给学生。在组合教材时我忽视了知识本身的内在联系和学生认知结构这两个基本要点，结果是欲速则不达，学习效果欠佳。记得数学特级教师刘梦湘老师对我说："改革教材，要用先进的科学理论作指导，辩证唯物主义的观点是重新组合教材的基本思想。"因此，我认真读了《矛盾论》《实践论》，思路在脑海里渐渐清晰。

按照辩证唯物主义对立统一的规律，不是可以把正比例与反比例、分数乘法与分数除法等知识重新组合在一起进行编排吗？按照辩证唯物主义"变中有不变，不变中有变"的基本观点，在处理几何知识时，不是可以让学生充分动手操作，把新图形转化成已学过的图形，再根据知识的内在联系推导出新图形的计算公式吗？……就这样，依据数学本身的辩证法，依据数学知识本身固有的联系，"六条龙"教学在科研理论的指导下持续推进。实验证明，它符合学生的认知规律，产生了积极的学习效果。

教材改革了，接踵而来的就是如何改革教学方法。难题又一次出现了。教学中，我经常遇到这样的情况：自认为准备得很理想的一节课，学生却不感兴趣，学习效果令人失望。为此，我感到非常苦恼。原因在哪里？我百思不得其解。

正当我困惑时，区教研室请来了中国科学院心理研究所的张梅玲教授作"心理学与小学数学教学改革"的系列讲座。我茅塞顿开，从此开始关注学生的心理健康。

学生的心理健康包括认知系统的健康发展、饱满的情感、优良的意志品质、个性的健全发展。只有注重诸因素的和谐发展，才能建立民主、平等、和谐、友好的师生关系，使学生在愉快、和谐的环境中学习。这不正是我所欠缺的吗？教师一句鼓励的话可以点燃学生求知的欲望，成为学生学习入门的第一块基石；一句不经意的否定，也可能刺伤学生的自尊心，使他们探索、上进的心扉永远关闭！教师的态度起着举足轻重的作用。在我渴望得到理论支持的时候，心理学讲座真可谓雪中送炭！从那以后，我有意识地在教学中为学生创造良好的心理环境，帮助学生树立自信，与学生建立民主、和谐的师生关系。

接下来，我碰到的另一个难题是如何客观、科学地评价课堂教学。教材、教法的同步改革收到了一定成效，但实验效果不是以平均分高低来进行评价，就是用描述的语言进行总结性评价，都缺乏科学的说服力。在我迷茫之际，在我需要统计知识的时候，区教科所举办了"智能与测量"的专题系列讲座。我了解了教育统计学的意义及其在教育理论研究方面和实际工作中的作用。在一位专家的帮助下，我试着进行实验班与普通班学生的能力测试，用有力的数据、科学的方法评价实验工作，为教学改革的深入提供了科学的依据。

不知是出于需要，还是尝到了学习理论的甜头，我开始由不自觉到自觉地拿起教育科研理论的书籍。我仿佛在茫茫的雾海中，发现了那个闪亮的航标，它使我找到了前进、探索的方向。我读了林崇德先生的《智力发展与数学学习》，懂得了教学中如何协调智力与知识、技能的关系，这为我在数学教学中如何发展学生的智力提供了理论根据。读了苏霍姆林斯基的《给教师的建议》，我被那些生动、活泼的事例以及深入浅出的讲解深深吸引。苏霍姆林斯基认为学生是学习的主体，教师则应充当学生脑力劳动的指导者。他正是从这种"主体论"和"指导论"相融合的观点中，导出潺潺有声的溪流——把儿童引向生动活泼的、主动发展的道路。用现在的观点看，这不正是我们所研究的主导与主体关系的和谐发展吗？不正是我们所提倡的让每位学生都成为学习的主人的教学理论吗？

就这样，我在教育科研的道路上越走越远。从一开始根本没想到科研到走投无路、"逼上梁山"，从最初的不懂科研到自觉地参与科研、寻求科研的支持，这一切都证实了：教改离不开科研！先进的、科学的教育理论以神奇之力，给教学改革带来了勃勃生机，它为教师深入开展教学改革描画了一个广阔而美好的远景！

9. 做爱读书、会读书的老师

在我房间的书桌上、角落里有不少书：史宁中教授的《数学思想概论——数学中的演绎推理》、郑毓信教授的《数学教育哲学的理论与实践》、马云鹏教授主编的《课程与教学论》……有些书尚未读完。想起自己在专业上的进步，我更多地将其归功于阅读与阅读后的积极实践。我满怀激情地开始每一天的教师生活，在阅读与教育实践中总是快乐而充实。

读书，让我发现了数学教学的哲理与门道，并学会用艺术的形式表达科学的内容；读书，让我静心走进儿童世界并与之心相近、情相连；读书，让我恪守理想始终如一，脚踏实地，厚积薄发，一步一个脚印地前行。

对我而言，职业生涯中最幸福的两件事：一是教书，二是读书。

读书，让我发现数学的哲理与门道

受家庭的影响，我从小就喜欢读书，尤其酷爱文史类著作。我读过范文澜的《中国通史》。当时文史类著作少得可怜，找到一本后，我像找到宝贝一样爱不释手。我哥哥也爱读书，《红楼梦》及《家》《春》《秋》等名著，成了我们闲暇时的阅读物。在那"读书无用论"作为主流社会风气的年代里，许多年轻人无所事事，我们却悄悄地在书海里徜徉，享受着读书的快乐，营造着家庭读书的氛围。古典诗词我也喜欢，当初亲手抄写的《唐诗三百首》，至今还珍藏在我的书柜中，为我十几年的语文教学奠定了较好的基础。

1980年7月，我结束了北京第一师范学校两年的培训学习，来到崇文区锦绣街小学教书。因为教师紧缺，我做班主任，既教语文也教数学。虽然已有近10年语文教学的功底，但改教数学还是第一次。我蹒跚摸索，不知所措。于是那个暑假，我从研读教材入手，找来1～12册数学教材，用了整整一个假期，把全套教材中所有的例题、思考题以及有代表性的练习题全部做了一遍。我不断地查阅大量的参考资料，并根据数学知识的内在联系整理出知识网络图，写下了几十万字的学习笔记。至今，20多本密密麻麻写满学习体会的笔记本和教学随笔还珍藏在我的书柜中。两次乔迁新居，我忍痛割爱淘汰了不少书籍，但那些发黄的笔记本一直与我紧紧相随……

在我看来，我的数学教学之所以能独树一帜，得益于我阅读的哲学类与儿童心理学类的书籍。

1983年，针对学校搞题海战术、作业堆积如山、学生负担沉重的现状，我苦苦思寻对策。我认识到教学改革不是简单提速，重新组合教材必须重视知识本身的内在联系和学生认知规律这两个基本点，我认为自己应该多读读哲学类书籍。为此，我先细读了《矛盾论》《实践论》等经典哲学理论书籍，一条清晰的思路开始在眼前展开。

数学的最高境界是哲学。数学与哲学之间有着密切的关系，不可分割。其实，支撑我数学教学改革的是基本的哲学观。我认为，数学是一门解决问题的具体科学，哲学则是系统化的世界观和方法论。哲学以数学等具体科学为基础，而哲学又为数学等具体科学的发展提供了正确的指导。"在数学教学中善于沟通二者的联系，有利于培养学生思维的批判性，使思维更加深刻，这对学生认识世界具有十分重要的意义。"因此，在教学中我注意把哲学原理应用到数学教学中，帮助学生解开数学学习中难解的结。

我喜欢读张景中院士的《数学与哲学》，他用通俗易懂的语言解读着"数学与哲学"的关系，以"望远镜与显微镜"寓意了"模糊的哲学与精确的数学"的内涵……

我喜欢读郑毓信教授的《数学教育哲学的理论与实践》，一方面，他从理论高度对数学课程改革、数学教育的国际比较研究等一些重大数学教育问题作出具体分析，充分发挥数学教育哲学的实践功能；另一方面，又以相关实践为背景，对数学教育哲学的各个基本问题作出更为深入的思考，从而进一步促进数学教育哲学的理论建设。

读书让我发现数学的哲理与门道，我正是在这样的背景下开启并进行小学数学教学的实践。

读书，让我与孩子心相近、情相连

1986年深冬，一个风雪交加的下午，我第一次听著名儿童心理学专家张梅玲教授的"数学学习与儿童心理学"专题报告。当听到"心理健康""心理体验""新型师生关系""人文精神"等新名词时，我被打动了！我开始反思：教了十几年的书，我怎么就没想到孩子们的喜怒哀乐会与学习数学连在一起呢？报告结束后，我主动向张梅玲教授提出问题请教。慢慢地，我与张教授有了更多的交流和往来。我向张教授借书读，她慷慨解囊，把自己编著的一本书和珍藏的高等师范院校教材《学与教的心理学》、钟启泉教授编译的《现代教学论发展》统统都给了我。我如获至宝，一头扎进了书海中……

在后来的日子里，我又认真阅读了山内光哉的《学习与教学心理学》、林崇德的《智力发展与数学学习》、巴班斯基和波塔什尼克的《教学教育过程最优化问答》、苏霍姆林斯基的《给教师的建议》等书籍，为我日后的儿童教育与教学研究奠定了重要的基础。在阅读教育心理学类书籍的过程中，我渐渐懂得，每一个儿童都是活生生的人，都是发展中的人。他们有情感，有个性，有独立的人格。教师对学生的爱，最重要的是尊重！教师要用心地读懂儿童，真诚地和他们交朋友，友善地走进他们的心灵，站在孩子的角度去思考问题，努力把自己的生命和孩子们的生命融在一起。儿童的课堂教学应该是一种师生情感交融、理智碰撞的互动过程。教师要充分发挥主导作用，关注孩子的情感体验，注重孩子个性品质的培养，保护好好奇心、自信心这颗创造性思维的火种，激发学生情感、理智、人格全面成长的主体能动性。

我认为，如果教师只是一架会传授知识的机器，那么学生就会远离你，师生之间的情感就是一片空白，课堂必然失去生命活力。每位教师都应该学习一点心理学，多了解一些心理学知识，这对教学有重要的促进作用。"读懂儿童"，这其实也是教师应该具有的重要的基本功。

用心地读懂儿童，专业地读懂教材，智慧地读懂数学，多年的阅读积累与实践探索使我找到了创造儿童喜爱的教学教育的途径，形成了自己独特的教学观，创造了"爱的课堂，快乐的课堂，智慧的课堂，充满生命活力的课堂"，也使我的数学课堂荡漾着浓浓的人文情……

我喜欢读张梅玲教授的《儿童数学思维的发展》。她根据儿童心理学的原理分析和阐述了儿童思维的发展规律，让我从一个新的视角读懂儿童的思维活动。尤其是这些年来，张梅玲教授在国内外学术刊物上发表的与儿童数学思维发展有关的学术论文，对我影响至深。她为我研究儿童数学教育打开了一扇特别的窗……

我喜欢读林崇德教授的《智力发展与数学学习》。这本书成为我当初进行小学数学归纳组合法实验，研究儿童数学学习的重要依据。林教授运用心理学的原理，以通俗易懂的语言解读着"智力发展"与"数学学习"的关系，让我受益匪浅。

我喜欢读张兴华老师编著的《儿童学习心理与小学数学教学》。这是张老师在多年的教学实践中用儿童心理学原理指导小学教学实践的重要经验。他深厚的学术内涵、深入浅出的阐释，使晦涩的心理学专业术语变成了能被普通读者看得懂的大众理论。这本书为我打开了一扇通往儿童数学学习世界的窗，引领我走近儿童心理，探究儿童数学学习的规律。

引领更多教师走上阅读之路

作为一名研究者、服务者,我对于教师同行的热爱和促进教师专业发展的有效服务,在成就许许多多中青年教师职业追求的过程中,也延展了自己的学习历程。而此时,我的阅读也上了一个新台阶。

我更加发奋地读书、学习、思考、研究。我深知不读书、不研究就没有指导基层教师的资本,不读书、不研究就没有为基层教师服务的底气。我很清醒地认识到:此时的我又多了一份责任,不仅自己要读书,还要带动基层教师一起读书,共同营造读书的教师研修文化。我订阅了多种教育教学期刊和报纸。浏览教育期刊时,每读到精彩的文章,我总是圈圈画画,折页、贴条、批注,或者剪下来做成集,这样"一下子就抓住了重点"。每天晚上睡觉前,我习惯于把当天的报纸、杂志收集到一起,在台灯下一一翻阅研读。读完一张便扔到床边,不知不觉一两个小时过去了,地上堆积了厚厚的一层报纸,像一座小山。我养成了每晚休息前必看当天报纸、最新杂志的好习惯,也由此获知了大量的时事新闻和教育信息。这样我不仅能脚踏实地地低头干活,还能抬头看路,保持头脑清醒。我将多年的阅读体会与教学实践集结在一起,引领并影响周边的年轻教师实现专业发展。

吴老师说:

作为教师,探索教育教学的规律是我们不懈地追求;帮助学生解决在学习实践中遇到的问题,是我们的责任。不论是探索教育教学的规律,还是帮助学生解决教学中真实存在的问题,都离不开教育理论的指导,也需要对教学实践进行深入分析,而实现的途径无疑要靠阅读。养成阅读与反思的习惯很重要,教师要做专业的反思者、终身的读书人。

10. 享受高品位的教师职业生活

1970 年夏天，我踏上教育事业的征程，时至今日，我的教育人生已有 50 余载，其间虽然有过彷徨、犹豫、迷茫、无奈，但我始终没有放弃对教育事业的执着追求。满怀着教育理想与信念，我从一个"先天不足"的小老师一路走来，很辛苦，也很幸福。

幸福应该是人生的主题，作为教师的我们，也同样能够追求高品位的职业生活，幸福地享受我们的教育人生。

对教育事业的热爱，使我享受到教育的幸福

热爱教育事业是享受教育幸福的重要前提。热爱教育事业不是停留在口头上，也不只体现在一时一事上，而是体现在几十年如一日的坚持和追求上。从事小学数学教学和研究已 50 余年，我一直把教学工作看作实现个人生命价值与教师职业生命价值的和谐统一。当普通老师的时候，我认认真真地上好每一节课，让孩子们喜欢数学，热爱数学；做教研员时，我全身心地投入每一次教研活动，带领自己的团队创造性地研究小学数学教学问题，让老师们喜欢数学，喜欢研究数学。我想，热爱教育事业就是要做好每一天的工作，在年复一年、日复一日的工作中，享受教师职业生活的幸福和快乐。

努力地读懂儿童，使我享受到教育的幸福

儿童是我们的教育对象。50多年来，我一直在努力地读懂他们，真诚地和他们站在一条战线上，友善地走进他们的心灵，努力把自己的生命和孩子们的生命融合在一起，使它迸发出情感与智慧的火花。学生虽然年龄小，但也是有思想、有感情、有着丰富内心世界、活生生的发展中的人，教师应该给予他们理解、尊重、赏识、期待。每个孩子都是一个丰富多彩的世界，孩子的内心就像花瓣上的露珠，剔透脆弱，需要我们用心呵护。在学生面前，如果你只知道权威，幸福就会远离你！

在我们的班级里不应该有"后进生"，教师要客观、公正、平等地对待每个孩子，不偏袒也不歧视任何一个学生，力争把爱的阳光洒在每个孩子的心田，让每一个孩子都抬起头。课堂上不能够"以胜败论英雄"，即使学生出错了，我们也应该通过巧妙的引导，让孩子体面地坐下。孩子失败是正常的，也是暂时的，我们应该适时地给孩子重新跃起的机会，保护好孩子的自尊心。

曾经有一件事让我非常感动：小C因为开车发生意外，撞死了人，被判入狱。走出监狱大门的那一天，妻子问他最想干什么，他说想见小学教过他的吴老师！我已经想不起上学的时候留给了他什么，让他20年后念念不忘，可能是在失败时听到的那些鼓励的话，也可能是在犯错时那温暖的眼神，还可能是在成功时得到的意想不到的表扬和礼物……我想，是一种真诚的情感牵动着他的心。

每每上完课，同学们总是高呼"不能下课"，高举着小手争先恐后地表达他们的心情：

"吴老师，您真幽默，您让我喜欢上了数学！"

"我会记住您，吴老师，记住一辈子，记到老！"

"跟您学习数学很有趣，我更有信心了，以前我一直认为我不行，今天课堂上我也发言了，我不再是木头！"

"吴老师，您真懂我！"

……

对待学生，不仅要用技巧，还要用心灵。读懂儿童，得到他们的喜爱，我是快乐的，是幸福的！

尽情地享受课堂，使我享受到教育的幸福

教师要懂得享受课堂。课堂是教师生命中重要的舞台。一个懂得享受上课的人，课堂自然会成为其享受幸福的重要舞台。营造一个充满生命活力的课堂，和学生一起思考、一起探索，为他们的发现而欢呼，为他们的成功而喝彩，你就会感受到做教师的幸福。

一个懂得享受课堂的教师会珍惜和学生共同经历的每一个40分钟，把这40分钟看成和学生共同度过的生命历程，精心地设计每一节课，为学生营造对话的空间，搭设思维碰撞的平台，提供实践操作的机会，促进学生创新思维的发展，帮助他们积累数学活动经验；会"以数学问题的魅力，引发学生的好奇心""以新颖有趣的设计，激发学生学习的欲望""制造悬念设疑问，调动学生的思考兴趣""以数学知识的价值，增进学生对应用数学的信心"，会在课堂上尽情挖掘自己的智慧潜力。

专家和老师们听完我的课以后有很多想法，也给了我很高的评价：

> 吴老师的课具有无穷魅力，朴实、亲切、自然，达到了一种师生合一的境界。她的教学魅力深深地吸引着上课的孩子们，也吸引着我们这些听课的老师。
>
> 吴老师善于创造绚丽的思维波澜景观。她总是恰到好处地打破学生的思维平衡，使学生原有的认识、经验受到挑战，形成适当的失衡，从而促使学生去探索、去创造，以寻找新的答案。如此循环往复，就使得学生的思维一步步深化，一步步逼近真理，一次比一次飞溅起更高的思维浪花。
>
> 吴老师尊重每一个学生，她允许学生用不同的速度去探索和获取知识，允许学生用自己喜欢的方法学数学，她从不轻易否定学生的选

择和判断，也从不强迫学生去认同。她以热情的鼓励、殷切的期待、巧妙的疏导与孩子们思维共振，情感共鸣。她用真诚的爱心感染了孩子们，贴近了孩子们的心。她以自己独特的教学艺术，把学生推到自主学习的舞台上，使他们真正成为学习的小主人。

……

北京师范大学周玉仁教授这样评价我的课堂：

她的课，知情交融，师生互动；她的课，充满了童趣、乐趣。课伊始，趣已生；课继续，情更深；课已完，意未尽。40分钟的数学课，像磁铁一样把每一个孩子的心紧紧地吸在一起，把时空有限的课堂变为人人参与、个个思考的无限空间。

在课堂上，让自己的生命与孩子们共舞，我是幸福的！

学生是我所爱，课堂亦是我所爱，除此之外，我还有很多教师朋友。和他们一起工作，一起研究，分享他们的快乐，分担他们的忧愁，都使我感到幸福！

吴老师说：

何谓职业幸福？我的回答很简单："每天和儿童在一起高高兴兴地读书学习，看着儿童快乐成长就是幸福；每天和同行们在一起研究交流，看到年轻教师不断进步成熟就是幸福；每天在探索教育教学规律的道路上，获取了自身成长过程中的成功就是幸福；当个人的生命价值与教师职业生命价值得到和谐统一时就是幸福。"

第二辑

真心与儿童做朋友

1. 真教育是心心相印的

教学的本质是什么？教学是生命与生命的交往，心灵与心灵的对话，情感与情感的呼应，智慧与智慧的交流。对于课堂而言，生命、生态是爱的温暖下的"动态"过程，如果没有爱的驱动，没有自觉进入儿童内心，哪儿来的"心心相印"？没有对生命的尊重，就没有爱的阳光普照，教育之道就会缺乏孕育生命的温度。精神不能复制，思维不能克隆，智慧不能填充，只有爱的光芒投射下的个性张扬和律动，才会有精神的挺拔、心智的生长、生命的成全。

生命离不开爱，爱是教育的最高境界，尊重是教育的真谛。爱的教育并不是挂在嘴上的，也不是公开课上奢侈的点缀；爱不仅是微笑，更是一种教育心态；爱是对个体健康的关注，是对生命挫折的忧虑；爱是真诚，是对孩子们自尊的保护。我们所谓的关爱如果伤害了孩子的自尊，纵然有一千个施爱的理由，这样的爱也不可能被孩子接受。因此，我们应该把孩子当成主人，真正看重孩子的生命自主，像保护眼睛一样保护孩子的自尊心，只有这样，才能培育出心智健全的生命。

在我的课堂上常常能看到这样的场面：每次争论结束后，我都会真诚地祝贺获胜者："祝贺你们，是你们精彩的发言给大家留下了深刻的印象。"孩子们的脸上洋溢着体验成功的快乐。同时，我也没有忘记暂时败下阵来的同学，会深情地握住他们的手说："谢谢你们，正是因为你们的问题，才给全班带来一次有意义的讨论！你们勇敢面对自己的问题，善于倾听并接纳同伴的意见来修正自己，这是很好的学习态度。"然后彬彬有礼地向他们深深鞠一躬，道一声"谢谢"，孩子们笑了。可别小看这一次握手、一声感谢，它能使成功者体会到快乐，使"失败者"找回面子。这些都会使孩子们感受到爱与尊重。如果不去理会这些暂时的"失败者"，有可能会使这些孩子产生自卑心理或是抵触情绪，成为永久的失败者。如果是这样，我们以人为本的教育理念该从何谈起？

所以，让我们努力做到以下几个方面。

（1）用真情去洞悉每个成长的信息。

教育是一种洞悉。了解是尊重的前提，教师要有一双敏锐的眼睛，及时而准确地洞悉每个生命成长的信息，进而选择行之有效的教学方法及策略，让每个生命都能够在课堂中收获成长。

（2）用真情去呵护每份成长的力量。

教育是一份呵护。学习是艰苦的，但不应该是痛苦的。成长离不开努力和付出，每个孩子在成长的过程中都会以独特的方式在特定的时间迸发力量。教师要懂得珍惜，并用真情去呵护，让孩子们能够积蓄力量，不断成长。

（3）用真情去成全每次成长的渴望。

教育是一种成全。每个生命都渴望成长，教师应发自内心地尊重每一个儿童，尊重儿童对成长的追求，并努力为之创造条件。

我们不仅要用真情给学生传递美妙的数学知识，更要让学生品味到学习的快乐，感受成长的力量。把教学作为一份真情对真情的孕育，使学习成为一种生命对生命的唤醒，让我们的课堂成为真情流淌的生命课堂！

真教育是心心相印的活动，唯有从心里发出来的，才能达到人的心灵深处。教师和孩子手牵手站在一条战线上，师生的生命才会融在一起。永远不要忘记我们教育的对象是有思想、充满感情、有着丰富的个性、活生生的人，发展中的人！

2. 读懂儿童，把儿童放在心上

读懂儿童，就要把儿童放在心上，关注每个儿童成长中的每一点变化。我们要清晰地知道，儿童现在在哪里？我们要把儿童带到哪里？儿童是怎么到达那里的？这里涉及了儿童的经验基础、教育目标和教学过程。儿童的数学学习就是对已有经验重新建构的过程，它不再只是教儿童会计算、会做题、会考试，更要重视数学核心素养的培育、数学思想和方法的习得，启迪儿童智慧，激发儿童潜能，培养儿童人格。

读懂儿童，就要走近儿童，善于站在儿童的立场设计和实施教学。教师要弄清楚儿童已有的认知起点在哪里，包括已有的知识基础、生活经验、习惯的思考问题的方式，特别是儿童在学习中可能遇到的认知障碍、困惑等。只有真正地理解和读懂儿童，教学才能更贴近儿童，使儿童确有实际获得。

读懂儿童困惑，让学习在认知冲突中真正发生

什么情况下儿童的学习会真正发生？我们认为，儿童的原认知、先前已有的经验与新概念发生冲突时，问题由此产生，思维由此开始，学习由此发生。教师要善于利用儿童原认知与新概念之间的矛盾，读懂并找准儿童的困惑，把握认知起点，激发认知冲突，使学习、思考、探究在解决矛

盾的过程中自然发生，引领儿童感受智力活动的快乐。

下面以"小数除法"为例，从两个方面来读懂儿童的困惑。

一是理解儿童。儿童学习小数除法的生活经验是什么？数学知识基础是什么？困惑是什么？我们如何从儿童经验出发，找准新旧知识间的连接点，创设认知冲突，设计合适的问题情境，使儿童产生真问题，进而发现和提出问题、分析和解决问题，让儿童的学习真实而自然地发生？

二是理解数学。小数除法的本质是什么？如何整体把握教材，系统设计教学过程，把握数学本质，培育儿童的运算能力？

基于以上问题，我对教材进行了调整和组合，改变了本单元教材原有的例题呈现顺序。

"小数除法"教材编写顺序大致如下。

例题1：被除数是小数的除法，即"小数除以整数，商是小数"。

例题2：被除数和除数都是整数的除法，即"整数除以整数，商是小数"。

例题3：除数是小数的除法，即"整数或小数除以小数，商是小数"。

我以"小数除法"为主题，整体设计本单元知识结构。首先以例题2"整数除以整数，商是小数"，叩开小数除法的第一扇门，不再将例题1"小数除以整数，商是小数"的除法作为例题处理。

上课伊始，我以"裸情境"开启了小数除法的起始学习：甲、乙、丙、丁是某大学同一宿舍的大学生，毕业前夕，四人聚餐，并商量好以 AA 制的方式付款。一共花费 97 元，每人应付多少元？

学生记录信息，开始计算：97÷4=24（元）……1（元）。（目的：让儿童学会在"裸情境"中自觉提取数学信息。）

师：每个人要付多少钱？

生：（齐答）24 元余 1 元。

（齐答过后，学生有了疑惑："24 元余 1 元"是多少钱？）

生：就是比 24 元多一些，比 25 元少一些。

生：（疑惑地）这个数好像不准确啊。

生：（急切地）每个人到底应付多少钱呀？

师：问得好，每个人应付多少钱呢？这就是这节课我们要研究的新问题。你们有办法解决吗？

（学生开始独立思考……）

我为什么选择例题 2 作为推开小数除法学习的这扇门呢？要想让学习真正发生，就要设计儿童原认知和已有经验与新概念发生冲突，从而产生困惑和问题。先前的"有余数除法"在这里解释不通了，自然会产生"每人到底应付多少钱呀""余下的 1 元给 4 个人，怎么分呢"的任务驱动。问题在这里生成，思维在这里被激活。

同学们独立思考，呈现出不同的解决方法。

第一位学生用算式表达：1 元 =100 分，100÷4=25（分），结果是 25 分。

第二位学生用了不同的算式表达：1 元 =10 角，10÷4=2（角）……2（角），2 角 =20 分，20÷4=5（分），结果是 2 角 5 分。

第三位学生用语言记录：1 元钱不够分了就换成 10 角，继续分，每人 2 角，还剩 2 角，又不够分了。继续把 2 角换成 20 分，再继续分，每人 5 分，结果是 2 角 5 分。

第四位学生用画图的方式表达，先画一个大圆表示 1 元，再将它分成 10 个小圆代表 10 角，每人分 2 角，这时还剩下 2 角，再画 20 个小圆，表示 20 分，每 5 个小圆圈一圈，结果每人也是 2 角 5 分。

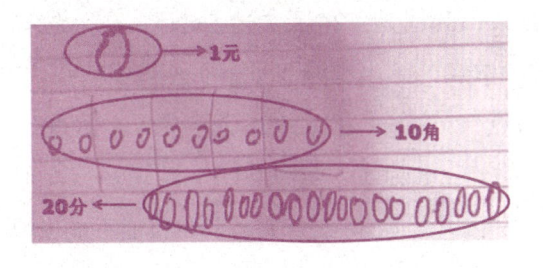

学生借助真实的问题情境,用原来的旧知识、旧经验,把余下的"1元"继续分完了。直观形象的"分钱"过程,解决了学生的困惑,同时为理解小数除法的算理奠定了重要基础。一个真实的"裸情境"引发了真问题、真需求;一个"老经验"遇到的"新问题"引发了真追问、真思考。从"有余数除法"开始向"小数除法"挺进,顺理成章。

读懂儿童思维,让思维在"问题链"中"浅入深出"

儿童的思维活动常常是因为一个问题引发了另一个问题。如果教师引导得好,必然会形成一个有内在联系的"问题链",儿童的思维会在一个一个"问题链"中"浅入深出"。

继续以"小数除法"为例。

在得出"每人付24元2角5分"的结论后,孩子们并没有就此停止,而是继续提出新问题:"这样换来换去太麻烦了,能不能有更简单的方法呢?""能不能把这个过程写在一个算式里呢?"于是,有了这样的记录:

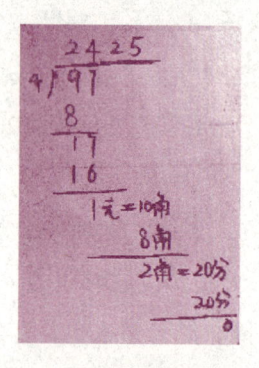

```
      2425
   4)97
      8
     ─
      17
      16
     ──
      1元=10角
         8角
        ──
         2角=20分
            20分
           ──
            0
```

问题又来了,商到底是"24元2角5分",还是"2425元"呢?在争论和质疑中,"小数点"的出现澄清了事实。孩子们在"2425元"中间添写了一个"小数点",并讲述着"24.25元"中"小数点"的意义,更加理解和感悟到"小数点"真是个"定海神针"。

一波未平,一波又起。"除法竖式里的单位能不能去掉?"一位同学进行了勇敢的尝试,写出了这样的竖式:

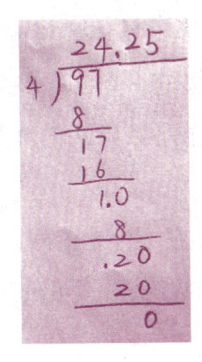

$$\begin{array}{r} 24.25 \\ 4\overline{)97} \\ \underline{8} \\ 17 \\ \underline{16} \\ 1.0 \\ \underline{8} \\ .20 \\ \underline{20} \\ 0 \end{array}$$

问题又来了，去掉单位后，"1"变成了"10"，有了10倍的误差。如何解决这个误差呢？又是这个"小数点"！此时，一位男孩走上来，在"10"的中间点上了"小数点"，这样"1"后面添上多少个"0"，也不会影响它的大小。而变化的是把1个"1"细化为10个"0.1"。小数点的自然出现，又一次凸显了其定位的重要作用。

儿童从运算的"合理性"走向运算的"简洁性"，运算能力也就在对问题的一个个追问中，在一步一步地解决问题的过程中得到了培育。儿童获得数学学习动力的重要因素正是来自他们对数学问题持之以恒地思考和追问。同时，孩子们体会到小数点在这里"不可替代"的作用，深刻地理解了小数除法的算理。

后来的课堂练习中，我通过一个问题把孩子们引入了问题的讨论中：计算51÷2并讲故事。

孩子们借助真实的情境兴致勃勃地讲起了故事："用51元买2本同样的书，每本多少钱？""51个苹果平均分给2个班，每个班多少个？""把51米的绳子分成2段，每段多少米？"……

我继续追问："你们能用不同的情境讲故事，都很棒，但又一个新问题出现了，'具体情境没有了，你能讲讲51÷2的道理吗？'"于是，孩子们从"元、角、分""米、分米、厘米"的情境中跳出来，开始了对"51÷2"的再讨论，小数除法的算理自然流淌：51个"1"除以2，得到25个"1"，余下1个"1"不够除；将余下的1个"1"变成10个"0.1"，再继续除以2，得到5个"0.1"。

045

就这样，孩子们慢慢脱掉了具体情境的外衣，最终落到了数学的本质——分"计数单位"上。这是一个由具体到抽象，再由抽象到具体的认知过程。孩子们充分感受到了小数除法的本质，即"细化单位"继续分，逐步走向小数除法的深处。

下课铃声响起，孩子们还在不停地追问："如果还有余数怎么办？""会不会分到 0.00……01 还有余数呢？"不知道是谁喊了一声："那叫'螺旋小数'吧"。

孩子们纷纷为这节课起名字："分余数""分、分、分，继续分"。

课后现场访谈时，有位同学说："听哥哥说小数除法好难，可是今天我发现小数除法并不难。它和整数除法是一样的，整数除法余下的数不够除了，就换成小一点的单位继续分，道理是一样的！"

"小数除法"从尊重儿童的需求出发，关注儿童的思维走向，逐步进入儿童的认知世界。通过有挑战性的学习任务，让儿童在"问题链"中学会发现和提出问题，逐步实现自我的价值，从而达到对数学本质的认识和理解。所以，教师要善于读懂儿童思维，让思维在"问题链"中"浅入深出"。

读懂儿童经验，让抽象的数学在熟悉的生活中"触手可摸"

读懂儿童经验，让儿童获得对数学学习的亲切感，获得对数学本质的理解，我们的课堂教学就要尽可能地贴近生活，让儿童在熟悉的生活中理解数学，让抽象的数学在熟悉的生活中变得"触手可摸"。

教师要善于引导儿童从身边熟悉的现实生活中发现和提出数学问题，帮助儿童逐步学会"数学地思考"，并在分析和解决问题中发现数学规律，获得数学的结论；要让儿童感受数学知识的产生和发展过程，激发儿童对数学的亲切感，培养儿童用数学的眼光观察生活的习惯和意识；要引导儿童把学到的数学知识运用到解决实际生活问题中去，引导儿童开展数学实践活动，学用结合，体验数学在实际生活中的价值，从而更加热爱数学学习。

例如，小学三年级教材中的"重叠问题"，也就是我们常说的"集合问题"，对于低年级小学生来说比较抽象，甚至难于理解。此时教师要想办法调动并激活儿童原有的经验，走近数学，理解数学，如教师可以从儿童熟悉的"排队问题"开始引入，通过亲身经验活生生地"物化"出新概念。

学习有意义的数学就是引导儿童对于生活中的数学现象进行重新解读。课程规定的数学知识，对儿童来说并不是"全新的知识"，在一定程度上是一种"旧知识"。例如，上学之前，他们跟随父母一起乘车，知道了时刻；跟随父母一起购物，知道了价格；搭过积木，知道了物体的长短、大小、轻重、形状……这些经历使他们获得了数量和几何形体初步的概念。尽管这些概念可能是非正规的、不系统的、不严格的，甚至还会有错误隐藏其中，但是它们恰恰为开始正规学习数学奠定了重要的基础。这些学前积累下来的生活经历，会在小学阶段的数学学习中被重新解读。

3. 帮助儿童跨越学习的障碍

儿童在学习的过程中遇到困难和思维障碍是很正常的，这时，教师应发挥主导作用，在恰当的时机以恰当的方式帮助儿童跨越学习的障碍。在课堂上，教师要给儿童留有空间和时间，让儿童敢说、敢做，敢于暴露自己真实的想法和困惑。教师还要组织学生通过交流实现"集体攻关"，有时可以借助巧妙的设问"层层突破"，有时还可以引导学生展开辩论，"辩明是非"，这些都是帮助儿童跨越学习障碍的很好的办法。

在新接班上课前，这个班的班主任老师告诉我："坐在教室最后一排靠墙角位置的那个孩子是个学习成绩很差的插班生。"我立即将目光投向了那个容易被遗忘的角落，那个孩子正用怯生生的眼神望着我。和全班同学进行了简短的交流之后，我走到他的身边。提到学习数学，他表现出一副无可奈何的样子："老师，我妈说我脑子有毛病，不是学习的料。"我便试着与他商量："今天上课我提比较简单的问题，请你先回答怎么样？"他连连摇头说："千万别叫我，我肯定不会。"

后来在小组讨论中，我首先走到他们组，耐心地聆听他的想法，与他交流。几经鼓励，他终于勇敢地举起了右手。虽然是在教室的一角，虽然这只小手举得不快也不高，但却立刻被我捕捉到。于是，欣喜的微笑、鼓励的话语以及热烈的掌声，成为"勇敢"换来的收获，他的小脸上满是笑容。最后，我再次鼓励他："今天你在同伴面前表现得风光而洒脱，但愿这能成为你走向进步、走向成功的第一步。"

可以想象这样一节数学课会给孩子们留下些什么。其实，每个班级都会有"坐在墙角"的学生，他们更需要教师的关爱。心理学实验表明：一个人只要体验过一次成功的欣慰，便会激起追求成功的欲望。我们应当及时地捕捉孩子们的心理需求，努力为他们制造成功的机会，让这些"坐在墙角"的孩子也有机会体验成功，有机会跨越学习的困难，有机会找回属于自己的自信。

有一个文静的小姑娘在听了我的课后写下这样一段话：

> 在上课前，我曾担心会因为人多而不敢发言，但是当您开始讲课时，我就忘记了这些，只顾着把自己的意见表达出来。我想，您一定很有吸引力，要不然怎么连我们班几乎从来不发言的××同学也毫不犹豫地举起手了呢？

是什么力量让这只小手高高举起？是什么唤起了孩子心底的那份勇气？我想是"情"，是教师的真情。

4. 用真情唤起儿童成长的力量

尊重儿童，保护儿童的自尊心，不仅是我们每个教师应有的职业修养，更是我们实施教育的切入点。教师对儿童的尊重换来的是儿童对教师的尊敬和信任，同时，还有儿童熊熊燃烧的求知之火，这种交换是值得的。

用真情交流唤起儿童成长的力量

一次，我接待了学生小A的家长，还没等我开口，小A妈妈就说："我的孩子是班里的'后进生'，经常不完成作业……"听着家长的话，我感到很吃惊，工作这么多年，第一次碰到这样的家长，刚见面就把孩子说得一无是处。当然，我也明白家长的意思，是希望我不去"整治"她的孩子。就在这时，孩子有些惊恐不安地来到我和他妈妈面前。我轻轻抚摸着孩子的头说："你妈妈正在向我介绍你，说你是一个很听话、很懂事的孩子，当然也有一些小毛病，希望我能帮助你，让你进步得更快。"看着我的动作，听着我对孩子说的话，母亲脸上出现了诧异的表情，孩子更是睁大了眼睛，显出一副若有所思的神态。很快，他妈妈会心一笑，孩子则向我使劲地点了点头——后来这个孩子成了一个成绩优异的好学生。

我想这次谈话是成功的，因为我用真情点燃了原本"破罐破摔"的小

A 的学习热情，重新唤醒了他追求进步的信念。同时，也用真心点化了这位"失去教育信心"的家长，重新让她看到了希望。

用真诚赞赏唤起儿童成长的力量

好的数学学习本身足以让学生感受到学习的乐趣，而且这种乐趣是持久的、有价值的。教师要用自己的真情，把数学课堂变成让儿童尽情享受学习快乐、提升数学素养的重要历程。

我希望儿童被兴趣领进课堂，更希望儿童被我发自内心的鼓励和欣赏所打动。我不会吝惜给予儿童真诚的赞美：

老师为你精彩的发言鼓掌！

你们的方法既简单又巧妙，应用了一种转化的策略，使复杂的问题变简单了，向你们学习！

你的想法很独特，很有创意！

我欣赏你流利的表达，更佩服你的勇气，你敢于挑战对方，提出不同的意见，很了不起。

你们的发现很伟大，今天大家正是走了当年科学家探索发明的道路，很有可能未来的科学家就在你们中间。

你们不但折出了 $\frac{1}{4}$，还折出了 $\frac{1}{8}$、$\frac{1}{16}$……这么多的分数，孩子们，这就是主动地学习、创造性地学习！

……

每当我发自内心地为儿童喝彩，我的激情不仅感染着他们，也感染着我自己。孩子们在期待、鼓励的目光中，一次次体验着参与的快乐、成功的快慰、创造的愉悦，感受到数学带给他们心灵的满足。在一次次被认可、被欣赏中，儿童的自信心增强了，思维被激活了，他们更乐于表达自己与众不同的想法，学习的潜能也就在不知不觉中被激发出来了。

每个儿童都是一座等待开发的宝藏，只要我们能够吊起孩子们探求新知识的胃口，使他们在思维碰撞中不断获得新的灵感，并善于运用情感的激励来调动他们的潜能，让他们自信地迎接挑战，那么每一个人的潜能都能被激发起来，从而增长智慧，获得持续发展。

在课堂里，真情是最突出且最有力的字眼。用真情可以诠释生命课堂的深刻内涵，用真情能润泽学生的心灵，用真情能培植课堂的和谐环境，用真情能激发学生自主学习的愿望，用真情能点燃学生创新思维的火花。

让我们的课堂像心灵驿站，来过这里的孩子总能忘记烦恼，轻松快乐地继续前行；让我们的课堂像加油站，走进这里的孩子总能变得信心百倍、活力四射；让我们的课堂像港湾，停靠在这里的"船儿"正蓄势待发，准备扬帆起航……

5. 用激情点燃能量的火把

把学生看成发展中的人，首先要承认学生是有潜力的人。每个人都带着一定的潜力来到人世，并且带着各自的生活经验、兴趣爱好，带着属于他们自己的智慧走进学校，等待教师开启他们潜能的大门，帮助他们挖掘自身的宝藏。他们不是一根木头，不是一张白纸，更不是等待填充的容器，而是一个个等待点燃的、充满能量的火把，这火把一旦被点燃，将发出耀眼的光芒，闪现夺目的光辉。

正因为学生是有潜力的，所以教师要相信：一切孺子皆可教。学生人人能成功，个个能成才。

数学教学是一门科学，也是一门艺术。我们在课堂上应注重激发学生学习的主动性，注意细心品味数学家心灵智慧撞击出的数学魅力，并努力让这种魅力吸引学生，激发他们的好奇心与求知欲望。教育就是"点燃"，我们要用自己的真情点燃孩子们学习的热情，点燃孩子们的执着追求，也点燃孩子们的无限创造。

在《圆锥的认识》这节课的引入中，我用一张厚纸遮住圆柱体，让学生想象"当圆柱体的上底面慢慢地缩小到圆心时，这个圆柱体将变成一个怎样的物体"。一石激起千层浪，学生们立刻活跃起来。

生：下面大大的，上面尖尖的。

生：下面是圆形，上面是一个顶点。

生：下面是圆形的，上面是尖尖的，旁边是一个曲面，从上到下慢慢变大。

师：你们能在本子上把这个物体的形状试着画下来吗？

（一生在黑板上画出一个圆锥体。）

师：现在看一看，老师能不能把这个圆柱体变成你们说的或画的那样。

（教师揭开遮在圆柱体上面的纸，露出一个圆锥体。）

生：（惊奇地）哇！（一起鼓掌）

师：像你们说的或画的那样吗？

生：像。

师：这个物体叫圆锥体。这节课老师就和同学们一起来研究圆锥体的有关知识。（边说边板书：圆锥的认识）

在活跃的课堂气氛中，学生积极地参与教学中的思维活动。在学生说出或画出这个物体的形状时，就发展了空间观念。巧妙地将学生喜闻乐见的"魔术"引入课堂，紧扣学生的心弦，激发了学习兴趣，使学生在惊讶中不知不觉地了解了这节课所要学习的"圆锥体"内容。这一别出心裁的设计，使学生在较短的时间内产生学习数学的欲望与内在的动力，收到了事半功倍的教学效果。

学习的潜能还来自情感，比如好奇心、求知欲、学习信心、上进心、学习热情、责任感、荣誉感等。情感是学习潜能的内在动力，好奇心、求知欲和上进心可以激起学生内心深处强烈的探索欲望，唤醒学生的学习潜能和创造意识，激发学生对事物的研究兴趣，推动学生不断有新的发现。

在多年教学实践的基础上，我提出并努力实现"以数学问题的魅力，引发学生的好奇心""以新颖有趣的设计，激发学生学习的欲望""以数学知识的价值，增进学生对应用数学的信心""制造悬念设疑问，调动学生的思考兴趣"……在课堂上，我也有过很多尝试，如"认识我吗——伟大的0""别小看它——小数点""你知道阿基米德检验金冠的故事吗""数学家索非愿意做你的朋友""数学迷宫""车轮为什么制成圆的""1+2+3+…+99+100=？""你能把许多算式变成一个字母式来表达吗"……

有时我创设认知冲突的情境，使孩子们徘徊在思维的矛盾中，从疑问中产生"探个究竟"的想法；有时我创设悬念，紧扣学生心弦，让他们处于求知若渴的状态；有时我又把生活实例引入课堂，让孩子们一开始就感受到数学的价值，产生非要学习不可的愿望；有时我还用故事或猜谜语等形式把孩子们带进课堂。"情""境""疑""趣"都是为了调动学生的学习兴趣，使学生萌发学习数学知识的欲望。教师要善于运用激情点燃学生能量的火把，让学生在充满好奇与求知、疑问与惊奇的氛围中，对未知充满期待，对学习充满渴求，并转化为学习的内在动力，使学习潜能得到激发。

6. 将平等与公正刻在心中

奥地利著名心理学家阿尔弗雷德·阿德勒（Alfred Adler）认为，人的人格结构形成于童年期，要解决一个人的人格问题，必须从他的童年着手。因此，帮助儿童形成正常的、健康的人格是教育儿童的首要和核心问题。

在几十年的教育教学生涯中，我最关注的是每个孩子是否乐观自信、不怕失败、自信而有创造力。教育者应把传授知识、启迪智慧、完善人格作为培养学生的重要目标。

那是一次难忘的课前经历，我在一个能容纳一千多人的礼堂上公开课，现场座无虚席。上课前我看到有个学生老在门口走动，就悄悄地问班里的其他同学："他是谁呀？"学生们几乎异口同声地说："他是'差生'。""我们老师没选他来上课，是他自己跑来的。"一个学生又补充说。我的心猛地一颤：孩子小小的年纪就被老师和同学公认为"差生"，就被戴上了"差生"的帽子，还不让他与同学一起来上课，这一举动已经伤害了孩子幼小的心灵。孩子顶着"差生"的帽子在漫漫的求知路上该怎么走啊？想到这里，我走过去亲切地问："孩子，你怎么了？有什么事吗？"他小声地说："老师没选我来上课，我也想和同学们一起上课。"听到这话，我连忙说："我就是今天来上课的吴老师，请你和同学们一起来上课好吗？"孩子激动地走进了会场。我知道这是一棵受了伤的小树苗，在课堂上我给了他特别的关照，多次请他回答问题。他第一次感到自己也能行！

下课后，我找到参加工作三年的这个班的年轻班主任，进行了真诚的交流。我给小老师讲了一个梭鱼的故事：

> 梭鱼以吃小鱼为生。有人做了一个实验，把梭鱼和小鱼都放在水池中，中间用玻璃板隔开。梭鱼饿了就往小鱼那边扑，但每次都被玻璃板挡了回来。多次受挫后，当实验者把玻璃板抽掉后，梭鱼也不再往那边扑了，当然小鱼也不敢往这边来。最后，梭鱼就活活地被饿死了。

人也像梭鱼这样，经过多次失败，就会失去信心，丧失勇气，更何况是心智尚未成熟的儿童呢！每个儿童都是一个珍贵的生命，每个儿童都是一幅生动的画卷。教师应当体会儿童生命的丰富性和主动性，关注他们成长与发展的每一点进步。教师要从内心真正欣赏他们，帮助他们发现自己、相信自己。一年之后，我收到一封特殊的来信，里面装了一份数学试卷，上面写着："吴老师，我开始喜欢数学了，这次数学考试还得了100分，替我高兴吗？妈妈说'军功章'上有您的一半！"尽管卷面上的字体有些歪七扭八，但年轻老师的评语是："每一天都能看到你的新变化，真了不起！"我的眼睛湿润了，看到年轻教师的成长，看到孩子的进步，我由衷地感到欣慰……

儿童有自己独立的人格，我们不应把儿童看成待加工、待塑造的原料，不应忽视儿童的主体性和独立性，必须尊重儿童的人格尊严、合理要求，以及情绪和情感需要。

7. 悦纳儿童的不成熟

6～12岁的小学生正处于身体和心理发育的高峰时期。他们的身体、知识、能力、经验、心理品质、对问题的认识均不成熟，是正在成长中的个体。学生身心发展的不完善与不平衡是发展过程中的正常现象，也是发展中的必然。他们贪玩、注意力不集中、爱说、任性、好动、意志力薄弱……他们会犯许许多多的错误。

教师要悦纳孩子的不成熟，友善地和孩子们相处，友善地走进他们的心灵。学生犯错误并不可怕，可怕的是教师用错误的态度对待学生的错误。

悦纳孩子的不成熟，表现在既要包容学生的错误，又要注意开发、挖掘学生的潜能。下面是我们工作站房山分站的王东玲老师在和我同课异构《两位数乘三位数》后写的一篇课后反思：

上课了，吴老师先让同学们复习两位数乘两位数，这跟我的环节是一样的，心里还有点儿小得意……可随后，吴老师抛出一个问题：谁的答案与大家的不一样？这是我没有想到的，我在复习环节每次都要找到正确答案，因为怕影响进度，怕课堂时间不够，要赶快进入新授环节。而吴老师的这一问，果然问出了一个小男孩。吴老师并没有让他直接改正过来，而是说："来来来，咱们一起帮助他，看看问题出在哪里了?"在分析中,学生发现应该写在十位上的数字写到了个位上。接着吴老师带领全班同学帮助小男孩理解"2"乘15,因为2在十位上,表示2个10,所以是20个15,而不是2个15。

在吴老师的耐心引导之下,小男孩的眉头舒展开了。虽然用了很长时间,但是小男孩真的学会了,这就是吴老师常说的"错着错着就对了,聊着聊着就会了"。在吴老师的心中,每一个学生都是优秀的,每一个学生在课堂中都应该绽放自信的笑容。正因为吴老师对儿童内心的深入了解,发自内心的真爱,孩子们才能真正喜欢上吴老师,进而喜欢上数学。"亲其师,信其道",吴老师用自己的实践作了最好的诠释。

接下来,吴老师让同学尝试计算三位数乘两位数。当时,我猜想吴老师一定还会问:谁与大家的答案不一样。"谁的答案不是6020?"果然被我猜中了。没想到那个小男孩又慢慢地举起了手,吴老师笑着说:"没事的,请过来让我们再看看是怎么回事。"我当时想:您怎么还叫他呀,错了让他改正过来不就行了吗?小男孩又一次走上了讲台,吴老师说:"我们一起帮他检查吧。"在发现他的计算结果是正确的后,一个同学站起来说:"老师,他抄错数了。"还真是这个问题,吴老师摸着他的头笑着说:"孩子,虽然你抄错数了,可计算过程是正确的,老师要表扬你有进步,但是以后你一定要认真哟!"小男孩用力地点了点头。这个点头的背后一定是他的努力方向。曾经的我对学生出现的错误深感头疼,今天我知道学生在学习过程中出现了错误,要给学生足够的思考时间和空间,让学生自己去发现错误的原因,鼓励学生充分表达自己的想法,引导学生主动探究,在纠正错误中得到更多的收获。那些"鲜活"的错误资源,正是课堂动态生成的切入点。

我们有个习惯,课后有针对学生的访谈。在这个环节,吴老师第三次把小男孩请上讲台。当吴老师问这节课对自己的表现有什么想说的时,小男孩说:"我会计算了。"这句普通的话语背后是吴正宪老师的儿童观:在知识面前我们要尊重、理解孩子,给孩子更多的期待,他们才会有更大的发展空间。吴老师又问:"你最想对吴老师说什么?"小男孩抬起头说:"谢谢您。"当吴老师听到这三个字后,快速地跑到他身边,抱住他。这拥抱是吴老师给予这个小男孩的温暖和力量,是对他这节课上表现的肯定,相信这个拥抱会让小男孩在今后的数学学习中充满信心,迎难而上。

面对学生的错误和学习有困难的学生,我们要学会等待、善待、期待,要慢下来学会对错误资源进行合理运用,把错误转化为全班学生学习的新资源,让学生充满信心地走向未来的学习。作为一名数学教师,只要有对事业执着的爱、对学生真诚的情,真诚地站在孩子的角度,走进他们的心灵,用自己独特的人格魅力、学识魅力让孩子真正爱上我们、爱上数学,相信孩子们一定会绽放出自己的精彩,在数学之路上越走越远。

吴老师说:

把儿童看作发展中的人,就要承认儿童是不成熟的人,是正在成长中的个体,他们可能会犯一些成年人眼中的"错误"。而犯错误的过程,正是儿童从不成熟到成熟的重要历程,是不可替代的成长经历。

8. 满腔热情地保护"火种"

了解孩子的学习需求，是改善教学行为、设计课堂教学的重要出发点。好玩的数学、有魅力的数学一定是伴随着孩子千奇百怪的问题开始的。教师要满腔热情地保护好好奇心这颗"火种"，小心翼翼地呵护学生的求知欲。

当课堂上出现这样那样的问题时，教师的处理方法直接影响着学生的学习进程。如何才能敏锐地发现这是一个值得等待的契机呢？关键是要读懂学生。教师要知道，此时的学生需要尝试体验的过程，需要阐述自己的观点，需要展示自己的才能，教师则要提供给他们"发现问题—解决问题—体验成功—增强自信"的学习过程。比如《估算》一课的教学：

我给学生提供了"曹冲称象"的故事情境和六次称石头的数据：328、346、307、377、398、352（单位：千克），请学生估算大象的重量。

在评判学生的估算方法时，我看着黑板上学生写的"300×7=2100"的估算结果，故意露出琢磨的神态，自言自语道："这是谁写的？明明是称了6次，你怎么整出来7个数呢？"顺着我的话，大家把目光投向了这个特殊的算式上。过了一会儿，有学生举起手想解释这种方法。我立刻把充满信任的目光投向了"创造者"，并以坚定的口吻说道："还是请我们的'创造者'自己来说一说吧！"

此时的"创造者"已经抑制不住兴奋和自得侃侃而谈:"表面上看有6个数,但是我把每个数取走300后,又把剩余的部分凑在了一起,像28、46、7、77……凑着凑着,差不多又是1个300。我想,7个300一定比6个300更接近准确值吧!"欣赏、赞同的掌声自发地响起。

我抓住这与众不同的"7个300",引导学生思考方法背后的数学内涵。这看似随机的"7个300",其实应该是"大估""小估""四舍五入估"等之后的必然产物。

后来,我用红色粉笔在这个具有鲜明特色的方法旁边画了一个大大的"☆"。这是对"与众不同"的奖赏,因为这种"与众不同"延伸下去,就是创造和创新。呵护住这颗创造的"火种",距离我们期待的创新还会远吗?

回想以往的教学过程,不经意间,我们可能会轻易错过许多充分挖掘学生潜能的机会。我们也许会对高高举起的小手"视而不见",也许会把不同意见的表达看成"耽误时间",也许会把不同的方法看成"出风头,找麻烦",面对不同的声音"唯恐避之不及",但是很多时候,这恰恰是课堂的生长点所在。

教师应该关注学生的个体差异,为学生创设不同思维碰撞的机会,尊重学生的独特感受和见解,允许学生从不同的角度认识问题,采用不同的方式表达自己的想法。教师还应该敏锐地捕捉学生在课堂情境中每一次灵感的闪现和稍纵即逝的教育契机,并不露痕迹地加以指导、点拨,使学生之间的差异成为不可或缺的重要资源。学生的每一次灵感闪现,都可能成为课堂上的一道亮丽风景,带给我们无尽的惊喜。

儿童是充满着情感和思想活力的生命,就像一颗颗饱含生命希望的种子。他们的世界是我们意料之外的,值得我们去探索和发现,更需要我们满腔热情地去保护。

9. 让每个儿童都能抬起头来走路

教育家苏霍姆林斯基说过:"在我们的工作中,最重要的是把我们的儿童看成活生生的人。学习——这并不是把知识从教师的头脑里移植到学生的头脑里,而首先是教师跟儿童之间的活生生的人的相互关系。"这就要求我们,在影响学生的内心世界的时候,不能挫伤学生心中最敏感的一个角落——人的自尊心。保护儿童的自尊心,就是保护儿童前进的潜在力量。

自尊心、自信心是孩子成长的精神支柱,是孩子向善、向上的基石,也是自我发展的内在动力。孩子的自尊心和自信心需要教师去呵护。平时,我们每一位教师都要对学生充满信心,寄予厚望,使这种真诚的期待成为学生发展的动力和方向。教师期望效应是指教师的期望能够激发学生的潜能,从而使学生取得教师所期望的进步。教师真诚的期待会对学生产生巨大影响,能为学生的成长指明正确的方向,具有教育感化的作用。教师以激励的方式诱导学生产生学习的内在动力,把教师的教育、教学要求内化为自己的兴趣和自觉行动,这样学生便会积极主动地学习、追求进步。

我曾经教过的留级生小 B,小时候得过大脑炎,妈妈说他脑子有毛病,不是学习的料,他也为此丧失了学习的信心。我就想办法为他创造有可能成功的机会。在学习"乘数是三位数的乘法"前,我花了整整一周的时间耐心地给他补"乘数是两位数的乘法"的知识。课堂上，当我板书了"311×12=？"时，小B主动举手，并很快完成了此题。我借此机会让全班同学向他提问，结果小B有条有理地答对了！同学们立刻掌声四起，对小B刮目相看。小B第一次在同学们面前感受到"我也是正常的学生，我能学会数学"，第一次体会到受人尊重和欣赏的快乐。从此小B变了，变得爱学习、爱思考了。

自信心对一个人的成长来说至关重要。我们不能让任何一个孩子扮演"失败者"的角色，尤其是对学习有困难的学生，更应付出加倍的爱，帮助他们扬起自信的风帆，为他们营造健康的、易于成长的生态环境。

一位家长在给我的信中说道：

> 当初的晓晖是一个胆小的晓晖，从来不敢发言，整天躲在角落里，在班里有他没他都一样。今天的晓晖已然是一个阳光的、充满自信和幸福的晓晖。是您给晓晖带来了幸福，能够做您的学生真是太幸运了！

上学获取知识固然重要，但比知识更重要的是有完善的人格。我们要用赏识的眼光去发现学生的优点，从而鼓励他们，无限量地调动他们的潜能。

在我的教学生涯中，"学困生"永远被列入"保密名单"中，我从来不以学生的考分划分等级。在我的心中，每个孩子都是好孩子。我们必须用动态的、发展的眼光看待学生，既要看到今天学生身上的不足之处，更要看到明天他们不可限量的前程，切不可求全责备。重要的是想方设法促成学生的进步与不断完善，帮助他们建立自信与自尊，以满腔热情的期待，让每个孩子都能抬起头来走路，有尊严地生活在集体中。

10. 给儿童重新跃起的机会

儿童在探求知识的过程中，难免会遇到各种各样的困难，迷茫、挫败的感觉会成为他们前进的障碍，使他们产生郁闷、急躁等不良情绪，进而对学习丧失信心，甚至开始厌学。这时，教师一个亲切的微笑、一句鼓励的话语、一个期望的眼神，都能带给儿童无穷的动力。教师在具体工作中充满信心、坚持不懈，对儿童的期望就能转化为巨大的力量。

一次，我新接了一个班。在新学期的第一节数学课上，我发现在教室的一个角落里，坐着一个始终一言不发、眼睛呆呆地望着黑板的孩子。我走到他的身旁，简单的询问却换来一个令人吃惊的回答："我学不会数学，您批评我吧。"孩子的话刺痛了我的心。我抚摸着孩子的头说："傻孩子，我怎么会是来批评你的呢？我是来帮助你把以前落下的知识补上的，只要你听懂了，慢慢地就会学了。""我也能听懂数学吗？"孩子怯生生地望着我。"你肯定行！"我充满鼓励的目光让孩子看到了希望。

从那天起，我在课下常常帮他补课，让他对简单的知识有了一定的认识。接下来我便努力为他创造一次"听懂了，学会了"的机会，让他在同学们面前感受一次成功。在课堂上，我有意识地找了一道他会做的、简单的题，让他在全班同学面前分析。有了台下的训练，他在台上讲得很成功，获得了积极而宝贵的情感体验。那个曾经认为自己很笨的孩子在接下来的学习中听得那样专注，还不时地举手回答问题。

下课后他感慨地说："老师，其实数学挺好学的，不像我想的那么难。"

儿童的变化给我们的启示是什么？

● 信任

心理学研究表明，信任、期待的情感可以使人产生一种"意向效应"，给人一种被器重的暗示，能增强人的自信。"学困生"尤其需要这种信任，老师的信任是对"学困生"人格的尊重，它会变成一股无形的力量，促使其不断努力并取得进步。

● 赞扬

现代医学证明，充满感情的赞扬对人大脑两半球神经细胞的萎缩和虚弱能起到治疗作用。最能鼓舞"学困生"自信心的莫过于成功，老师必须为他们提供可能成功的情境，尽可能多地发现他们的闪光点，对他们的微小进步、点滴成绩予以认可和接受，并给予表扬和奖励。要给"学困生"以积极的心理体验，促使他们自信自强、乐观向上，充分释放内在潜能，进一步追求新的成功，形成良性循环，从而不断改善自我、提高自我。

● 真爱

在现实生活中，人们往往对表现好的儿童倍加宠爱，对"学困生"却是挑剔多于宽容，鄙薄多于尊重，训诫多于鼓励。实践证明，没有爱，教育者是不可能使自己的要求转化为学生的自觉需要的，"心灵的创伤只能用心灵去温暖"。对于"学困生"，我们要施以爱心，用自己火热的心去温暖学生的心，使他们重新扬起生活的风帆。这样，今天的"丑小鸭"就一定能变成明天的"白天鹅"。

● 方法

对儿童提出要求时，还要考虑儿童的心理承受能力。对向来不做作业的儿童，先让他认真地做好一道题，学生会很情愿地去完成，第二次让他做两道，他又能愉快地完成，这样他每天生活在愉悦中，就会逐步完成全部作业。在教育学生的过程中，有的学生对自己的要求不够严格，如果突然让他改变，他可能一下子做不到，我们要讲究方法和策略，要循序渐进，先对他们提些基本的、较低的要求，再逐渐提出更高的要求，这样才会取得更好的教育效果。

教师对儿童的爱是一种高尚、纯洁、无私的爱，爱的情感可以温暖孩子的心，爱的力量可以让孩子不怕困难，勇敢前行。孩子们在这种爱的呵护下，即便遭遇挫折，亦可一次次重新跃起。

第三辑

让儿童真正成为学习的主人

1. 有教无类是大爱，因材施教是智慧

两千多年前孔子提出"有教无类，因材施教"这一教育伦理，今天我们再重新聚焦这个话题，我依然感受到它充盈着教育的力量和智慧。

"有教无类，因材施教"这样的思想之所以能够传承至今，有其特别的教育价值和现实意义。它呼唤着教育工作者去热爱每一个儿童，关注每一个儿童的个性发展。

目前我们的工作中还存在着一些问题，比如，有的时候还不能一视同仁，尤其是对学习有困难的"后进生"，我们还不能满腔热情地去助力其成长；儿童的个性差异被忽视，课堂上还有一些儿童被冷落，很少有发言和表达的机会；对儿童的评价往往还是统一的一把标尺，缺少个性化的指导和评价；教学方法单一……这些问题导致我们的教学效率低下，当然也会影响教育整体的高质量发展。

我认为改变这样的现象的良方即"有教无类，因材施教"。

"有教无类"，它呼唤每个人都能够平等地接受同样的教育，这一思想充满了"仁爱之心"。顾明远先生说："没有爱就没有教育。"作为教育工作者，我们要对每一个教育对象付出无条件的爱。

随着社会的发展变化，我国的基础教育也在不断发展变化，但是我认为永远不变的、需要坚守的就是"有教无类，因材施教"，这才是教育的大法。教师要以仁爱之心去关爱每一位学生，助力每一位学生的发展。

"因材施教"是一种教育主张，同时我们也可以将其看作是一种具体的教学方法。教师应当根据学生的个体差异和学习情况，采取符合其个性发展的教学方式，使每位学生收获实实在在的发展和进步。由于受教育者具有不同的个性、不同水平的学习能力，甚至性格特点也不相同，所以，教师对不同的学生采取不同的教育方式，使每个学生都能根据自己的能力、性格特点、学习规律来获得知识，发挥长处，乃是基本的教育常识。教师要用教育智慧去启迪学生的智慧，助力每一个学生的成长。至今，为什么大家对"因材施教"的问题依然这样关注？因为它真的是教育的基本常识。

这里，我想和大家分享两位老师的故事，她们一位来自南京，一位来自北京。

我听过这两位老师的故事，还多次走进过北京这位老师的课堂。

一个自闭症孩子的变化

在一次班主任工作交流会上，我听到南京市芳草园小学教师郭文红讲过这样一个故事：郭老师接了一个新班，班里有一位自闭症儿童。这样的孩子完全没有办法跟人正常进行交流沟通，大家也都习惯了他独自一人的样态。可怕的是，家长和老师们对此也都习以为常，同学们更是一副视而不见的模样。这个孩子来到郭老师的班级后，郭老师就开始思考，该如何因材施教，助力这个孩子的成长呢？她想努力做一点尝试。

因为孤独，这个孩子永远固定在同一个座位上，即便别的同学外出去其他地方活动了，他也仍然不离开自己的座位。空旷的教室里，孤独的身影，他独自蜷缩在角落。

老师找他，他就蹲在桌子下面藏起来。每天这个 10 岁的孩子都是一步不挪地守卫着这个座位。他从不主动去喝水，也不要求去厕所。

郭老师为了不把他一个人丢在教室，就在教室里陪他：在旁边批改作业，和他聊天，给他讲故事、唱歌，给他倒水，领他去厕所，带着他到校园里走一走。一天、两天、三天，都被他拒绝了。慢慢地，一个学期过去了，这个孩子终于接纳了郭老师，自然也就不需要家长每天到校陪读。

接下来，郭老师决定让他适应这个环境。郭老师认为要先让他有安全感、归属感，便在班会课上正面解释了这位同学的特殊情况，希望同学能理解他，为他营造一个良好的氛围。

同学们的配合，使得他对班级不再恐惧，郭老师也给他安排了一位友好的同桌。郭老师告诉学生："这位同学只能接受心地善良的伙伴成为他的同桌。"孩子们便都争先恐后地想与他做同桌。

同学们伸出了一双双热情的手帮助他：他不会系鞋带，就蹲下来帮助他系鞋带；他想喝水时，就主动送过来；他发脾气时，就包容他、原谅他。身处这样一个温暖的环境，这个孩子也慢慢地对班级充满了信任。就这样，他有了惊人的变化。郭老师也鼓励他，帮助他看到自己的潜力，引导他不断地超越自己。

后来他可以自己去上厕所，自己去接水，也愿意和同学们一起到专业教室上课，学跳绳、练跑步，跟着同学一起到操场进行活动。一年以后，他逐渐学会了自理，与别人交流也开始正常了，下课的时候偶尔还能开个小玩笑。再后来，他开始独立地学习了。

虽然这个过程非常艰苦、漫长，家长也为此积极地配合，但是家长万万没想到，再到医院去诊断的时候，脑科医院给出了新的鉴定：这个孩子已经恢复到了临界状态。

试想一下，如果这位同学没有遇到郭老师，大家都习惯了他的孤独，他和家长天天坐在教室后面游离于集体之外，时间在习惯中延续……幸好郭老师没有放弃，她给予孩子真诚的爱，关注每一个孩子，尤其是对这样一个与众不同的孩子。

郭老师充分理解儿童，给了儿童所需要的温暖、关怀和支持，让每个儿童脸上都绽放出了笑容，心中都充满了对未来生活的向往。

"有教无类"就是要平等地对待每一个儿童，是对每一个儿童成长的呵护。"因材施教"就是要用心去发现每一个儿童的潜力，让儿童发展的可能变成肯定。

通过这个小故事我们可以看到，一位不算太年轻的、工作了20余年的郭老师对孩子的真爱。郭老师每次见到我讲起这个孩子的变化，都是兴致勃勃的，充满了感情。

一个"小霸王"的变化

第二个故事发生在北京市房山区北京小学长阳分校的吴桂菊老师身上，大家亲切地称她为菊子老师。菊子老师是我们工作站的一名成员，我曾经走进班里听她讲课，发现她的课堂充满了爱。

故事要从一个大家公认的"小霸王"蜕变为科学实验小能手说起。

她的班里原来有这样一位"小霸王"（以下称"小A"），平时没有礼貌，不懂规矩，注意力差，还经常搞恶作剧，影响周边同学听讲，学生和家长对他都很有意见。老师们也拿他没办法，上课的时候便总把他的课桌单独安排在讲台前的一个远离班集体的位置。

我走进课堂后很快就发现了这位"特殊儿童"。我问小A为什么坐在这里。他反问："你问我干什么？"好一个"刀枪不入"的孩子。如果长久地把这个孩子放在一个特殊的位置，在集体里他就更想要影响别人。班里同学对小A也很是反感，因为他从不懂得控制自己的情绪，完全是想干什么就干什么，蛮不讲理。家长们对此也有意见，常给老师发信息。

遇到这样的孩子老师该怎么办呢？我与菊子老师交流良久。后来菊子老师没有简单地批评他，而是开始对这个孩子进行长期的心理观察、适时的行为干预，了解他的所思所想。

我主张小学老师要学点儿童心理学，是因为我们在了解了一些儿童心理学的基本理论后，就能用正确的理论和积累的经验解决问题了。

通过观察，也通过多次家访、与孩子的家长沟通，菊子老师发现小A在家里总喜欢捣鼓一些能拆拆拼拼的东西，对一些科学小实验特别感兴趣。她在家访中了解到，小A虽然学习上不专注，但是做起这件事情来却无比地专注，甚至一两个小时不起身。

　　菊子老师决定从这儿打开他的成长之门。既然小A喜欢动手，那能不能给他创造更多的机会？为此，菊子老师又与学校的科学老师进行了一些交流，决定给小A搭建一些平台。比如鼓励他多做科学小实验，还为他举办了假期"活动坊"，菊子老师亲临现场助阵。活动中，小A带着其他同学一起做实验，感受科学的神奇。其中有一个实验叫"酸碱小实验"，这个小实验并不容易成功，需要反复、多次地配比，不断地调整，但小A成功了。

　　在多次探究尝试中，小A一次一次地失败，但他没有气馁。菊子老师表扬了他这种坚忍探究的精神，他感受到了自己的价值。其实，孩子们都有被他人认可和欣赏的需要。菊子老师给了这个孩子多次机会，慢慢地，小A在和别人的交往中也开始有了比较友善的态度。在科学实验活动报告中，他还得到了同学们的赞赏，体验到了与同学们一起成长的快乐。

　　菊子老师就这样满怀热情地鼓励、引导着小A，并建议他读一些易懂的科技类图书，特别是科学小实验类的书，请他在班级中进行分享。小A有了明显的变化：课间时，他能带着同学们一起阅读；他还组织了一个"科学小实验小社团"，自己是这个小社团的"主任"。

　　慢慢地，小A和同学们接触多了、交流多了、一起做事多了，同学关系也变得友好了。在实验中，他不断地思考，不断地失败，不断地调整，专注力也越来越强。菊子老师也不断地引导他，告诉他除了做实验，学习也是一样的道理。慢慢地，小A将这种态度融入数学学习中，学习效果有了明显的变化。

　　一次，小A把他在家养的红色小鱼带到教室，同学们好奇地向他提了一个又一个问题，比如：这是什么鱼？小鱼是怎么被生出来的？小鱼喜欢吃什么？它有什么生活习惯？小鱼到底能长多大？小鱼能活多少岁？……同学们不断地提问题，他不厌其烦地作答。同学们听得津津有味，教室里充满了欢声笑语，展现出生机和活力。

　　就是这样一位曾经让家长头疼、学生不喜欢，甚至有学生家长打电话，表示不希望他和自己的孩子在同一个班学习的学生，在菊子老师发现了他的特长后，从他的兴趣入手，因材施教，发挥他的一技之长，对他不断地进行心理调整和行为干预。他在温暖的集体里成长了，他的科研兴趣更浓了，积极性更高了，尤其是他依然爱问"为什么？为什么这样就能那样？"，他把这种好奇、好问也带到了学习中。

他积极动手实践，开展了一个又一个科学实验活动，不断地揭开科学的奥秘。他带领大家一起努力，特别是带领班级同学发挥想象力和创造力，获得了科技创新奖。

菊子老师在2022年被评为正高级教师。她就是这样用心地读懂儿童、尊重儿童、接纳儿童，以科学的方法育人。她努力发现儿童的闪光点，让儿童的闪光点打开成长的大门。菊子老师所在的学校评选孩子们最喜欢的老师时，同学们一致将票投给了菊子老师，她成为学生最喜爱的老师。这个喜爱不仅仅是来自对优秀学生的喜爱，也包括对学习困难学生的喜爱，让每一位学生都能获得新进步、新发展。

故事讲完了，我想说，这两个孩子的变化就在我们身边，触手可摸、可感。

教育者对于受教育者要一视同仁，这是"因材施教"的基础。如果没有对孩子的爱与尊重，你就不可能想办法针对每一个孩子的个性设计他的成长路线。学生是学习的主人，教师要尊重学生成长的权利和发展的规律，关注每一个学生的发展，力求让每一个学生都能得到公平而有质量的教育。

我们知道，每个学生都有自己学习和生活的独特方式，对待同一个问题的想法或许会不同，因此教育工作者要认真去听学生的声音，对学生要有爱心、耐心，尤其对"后进生"更要加倍关心，以这种公平的态度对待所有学生，使师生之间形成一种和谐的关系。教育工作者要经常主动跟学生进行沟通，了解具体情况，根据差异和特点来设计不同的教学方案和路径，促使所有的学生都能获得有效的学习。在这种氛围下，我们的孩子才能放松自己，才容易向老师倾诉心声，老师才能了解他的难题困惑，及时地进行有针对性的心理辅导，帮助孩子树立正确的"三观"，让每个孩子获得不同的发展。因此，教育者要让每个受教育者都受到公平的对待，充分认识到受教育者的人格差异。

"因材施教"是智慧。首先，教师要懂得儿童的心理发展规律、认知规律，尊重常识，按照规律办事。其次，教师要从学生的实际出发，调整课程内容、难易程度和进度，与学生现在的认知水平和接受能力相适应，有的放矢地实行差异化教学，使每个学生都获得自信心。

吴老师说：

我们不能用同一把尺子要求所有的儿童，我们要允许儿童以不同的速度和方式学习，尤其是对小学生的学习。因为"严格的不理解，不如不严格的理解"。我们要按照教育常识做事，尊重儿童的发展规律，使每个儿童获得实实在在的发展。

2. 把"空白"留给儿童

我们在进行教学活动时，不能让教师的思维代替儿童的思维，要给儿童适当留些"空白"——思维的空间和平台，让儿童在求知的过程中主动去探索、思考和发现，让儿童补充这些"空白"。"空白"的流动性、生成性可以让课堂更加丰富多彩。

在我们的课堂教学中，有了"空白"，就有了多种填充的可能，不同的生活经验、不同的思维方式都会填充出不同的世界；有了"空白"，不同的学生就会有不同的感受和体验；有了"空白"，学生的个性体验有了呈现、发展的舞台；有了"空白"，课堂教学就不会是一潭死水，各种情感体验在一起碰撞、交流，极易激发学生的创造性思维与感悟，生成新的智慧。

例如，在上《平移和旋转》这节课时，在同学们初步感受到什么是"旋转"和"平移"后，我先请孩子们闭上眼睛静静地想一想什么是平移、什么是旋转，然后让他们站起身来用自己的动作表现出来。在活动中，同学们进一步体会了平移与旋转的特点。

让学生静静地想一想，是留给他们想象的空间，以便他们对概念重新进行诠释和再次解读，这对于学生沉淀知识和内化能力起着至关重要的作用。

再如，教学《平行四边形的面积》一课时，我先出示一个长方形的框架，然后轻轻拉动，变成了平行四边形，继续拉动，学生齐声说"变矮了""更矮了"。这时，我停止拉动，问道："长方形变成了平行四边形，你们猜猜面积变没变？"课堂顿时安静下来，学生陷入沉思。我留给学生思考的空间，强大的认知需求激活学生的探究意识。这种意识恰似教学中的"催化剂"，促使学生主动思考。

在课堂教学中，由于教师留下"空白"，出现学生学习效果提高的现象，叫作"空白效应"。心理学原理告诉我们，教学中留下"空白"有以下好处：从心理卫生角度看，"教学空白"可以使学生从中得到积极休息，消除心理和生理的疲劳，避免"分心"现象；从记忆原理看，"教学空白"使学生较少受到前摄抑制和后摄抑制的影响，学习内容容易记忆；从创造和想象原理来看，"教学空白"的课更容易使学生荡起想象的浪花，激起好奇的涟漪，留下创造的思维空间。

"空白效应"给我们的启示是：教师要善于在表达方面留白，针对某些问题，不妨先不说出自己的观点，让学生去想、去说，有表达自己意见的机会。教师要善于在实践方面留白，给学生一个锻炼和亲身操作的机会，提高学生的动手能力。教师要善于在思考方面留白，给学生分析研究的机会，独立地思考和判断，这样学生的分析能力就会逐渐提高。教师要善于在批评方面留白，批评之后，为学生留有思考、反思的时间，这样学生就不会有被"穷追不舍"之感，反抗心理也会减弱。

在使用时，教师要注意掌握时段，并不是留下任何"空白"都能取得效果的。也就是说，留白是一门艺术，并不是一件简单、随意的事。一要掌握时间，在恰当的时间留白，留白的时间长短也要合适，否则会影响整节课的教学。二要精心设计，找到引与发的必然联系，并在点拨之后，使学生有联想，有垂直思考与平面思考的交叉点，然后以"发问""激趣"等方式激起学生的思维，从而使之上下联系、左右贯通、新旧融合，用所思、所虑、所获填补思维空白点，获取预期的效果。

只有充分相信学生的内在潜力，留给学生充足的时间和宽松的空间，让他们自行探究，才能激发他们的创造潜力。

3. 良好的开端是成功的一半

在教育教学中有许许多多的"第一次",教师要充分考虑"首因效应"的影响。"首因效应"是指首次感知的材料能在感知者的记忆中留下深刻的印象且不易改变。积极、认真地对待每一个"第一次"并科学地设计,一定会对学生产生良好的影响。

回顾几十年的一线教学工作,我深深地感到:教师留给学生的第一印象太重要了,它往往会深刻而长久地留在学生的记忆里,不可磨灭。因此,我每次接手新班都把"如何让学生喜欢我的数学课"作为首先思考的问题,独具匠心地上好新班的第一课,给学生留下美好的第一印象,让孩子们从上第一节课开始就感到数学是有趣的。

我曾经接了一个五年级的新班,原班老师用一个字概括了该班学生——懒。"同学们对数学课毫无兴趣,上课不爱发言,有的连作业都不完成,尤其是杨力……"言语间露出无奈。我利用暑假进行了调研:有的学生提起数学就头疼,数学基础知识掌握不牢固,听不懂,索性上课也就不听讲了;有的学生认为数学只不过是一些干巴巴的数字符号和枯燥的公式算理,没意思;还有的学生说数学课除了老师没完没了地讲,就是他们没完没了地做题,实在没劲儿。调研结果表明,该班同学对数学学习缺乏兴趣,没能感受到数学的魅力和学数学的乐趣。接新班的工作千头万绪,重要的是燃起学生心底对数学的喜爱之情,调动起学生学习数学的积极性。

9月1日开学了，同学们走进教室。黑板上除了许多不同形状的几何图形有序地排列着，还有许多有趣的问题："你知道萨姆·劳埃德的数学趣题吗？""你知道数学王冠上的明珠——哥德巴赫猜想吗？"……讲台上摆满了七巧板、九连环等益智玩具，教室的四周挂满了红红绿绿的纸条："数学游戏""数学迷宫"……我微笑着迎接每一位同学的到来。

数学课上，同学们七嘴八舌地议论起来，饶有兴趣地猜测着。胆大的同学干脆从讲台上取走九连环和同学们玩了起来。事先精心设计的"数学小知识"的介绍，引起了同学们极大的兴趣。我看大家已经进入状态，便开始了演讲："同学们，过去一提起数学，你们马上就联想到艰苦的思索、繁难的演算、复杂的逻辑推理和没完没了的算式。在今天的数学课上，你们亲眼看到和感受到了数学中包含这么多丰富而有趣的内容。刚才同学们说的、想的、做的，都没离开两个字——数学。数学就像一个充满智慧的王国，我愿意和同学们手牵手一起走进这个五彩缤纷的乐园。我相信每个同学只要勤于动脑、积极思考、大胆参与，都会在数学学习的道路上有所进步。如果以前由于这样或那样的原因，同学们对数学的学习还没有入门，没有关系，现在你们长大了，是高年级学生了，我相信在座的每一位同学都会比过去做得好。"从同学们闪亮的目光中，我感受到孩子们的学习兴趣已被激发出来。该班同学正是从那一刻起跃入了数学的乐园，开始了艰辛而有趣的探索。

那位曾对数学毫无兴趣、很少按时完成作业的杨力同学也出现了可喜的变化：他逐渐喜欢上了数学，学习成绩不断提高，六年级毕业考试时以优异的成绩升入中学。上了中学以后，他仍然对那节数学课记忆犹新："我是一个提起数学就头疼的人，但从吴老师接班的第一节课开始，我喜欢上了数学。从此，数学就像有吸引力一样把我紧紧地吸住了。"

透过这个事例我们可以看出，在教学中教师要善于利用"首因效应"，它在本质上是一种优先效应，当不同的信息结合在一起的时候，人们总是更加重视前面的信息。因此，"首因效应"的影响不只体现在教师给学生留下良好的第一印象，在教育教学的许多环节，都要很好地利用"首因效应"，以取得更好的教育教学效果。

- 要上好每学期的第一节课

新学期伊始，每个同学都对新老师以及新的学习内容抱有强烈的期待。如果第一节课处理得不理想，就会令学生大失所望，影响今后的学习。所以，对于新学期的第一堂课，教师切不可掉以轻心，应当精心备课，巧妙设计好每个教学环节，激发学生的求知欲，让学生充分认识本学期学习内容的重要性，从而培养学生浓厚的学习兴趣。

- 要上好教材每个章节或每个单元的第一节课

一般来说，每一章的第一节内容都是本章的重要概念，是一章的核心所在。每一单元的第一课，也大都是本单元的重点所在。因此教师要认真研究教材，抓住重点，讲清核心概念，给学生留下较深的印象。

- 要认真对待每节课的导课部分

良好的开端是成功的一半。具有问题情境的开场，生动的故事，再配以精彩的视听材料，都会吸引学生的注意力，激发学生的学习兴趣。教师要认真设计导课内容，既要生动有趣，又要密切联系本节课的教学内容。

- 要科学设计每个单元的学习检测评价

检测评价是教师检验学生知识掌握情况的手段，也是学生自我评价的一次机会，学生会根据自己的测验成绩来调整学习态度。教师要重视每学期的第一次测验，要使题目难易适度，切忌使大多数学生遭到惨败，让他们对学习产生畏难情绪，丧失学习信心。

每个单元的学习评价是学生自我评价的一次重要的机会，教师既要从单元知识技能和核心素养进行评价，也要引导学生对学习态度、学习方法等进行自我评价，促进学生的内省，激发学生学习的内驱力。

4. 在动手操作中激活经验

"做数学"是目前数学教育的一个重要观点，它强调儿童学习数学是一个现实的体验、理解和反思的过程，强调以儿童为主体的学习活动对学生理解数学的重要性。研究表明：人们在学习时，如果仅靠听和看，最多能吸收 30% 的新知，如果动手做，可以达到 90% 以上。

每个儿童都有许多经历，这些经历的再现能帮助儿童学数学。数学道理和生活道理是相通的，在学习数学时，很多经历可以帮助学生明白数学道理，同时将经历提升为经验。

我在教学《平移和旋转》一课时，让学生通过将各种游乐项目如激流勇进、波浪飞椅、弹射塔、勇敢者转盘、滑翔索道等进行分类，初步了解平移、旋转。接下来我引导孩子们进行了这样的模拟操作：

师：请同学们先闭上眼睛静静地想一想什么是平移，什么是旋转？

（整个课堂静悄悄的。）

师：请同学们站起身来用自己的动作表示平移和旋转。

（学生都迫不及待地要来"表演"。）

生：我这样走就是身体向前平移（边说边向前走了几步），这样就是旋转。（为了与平移区分，他又原地转了一圈。）

这节课上我让学生通过模拟操作的形式感悟概念。虽然学生还不能用严格的话语讲出平移、旋转的概念，但他们经历过，能够通过"表演"将经验与概念对接。

正如一位诗人所说：一切经验是闪光的拱门，辉映着人迹未到的世尘，只要我向着它步步靠近，那里的边缘便消逝无存。让学生运用经验来理解概念，引发对二者关系的思考，以现场"做"的形式唤醒学生的经验，可以使学习过程简单明了而有趣。

著名心理学家皮亚杰说："思维是从动作开始的，切断了动作与思维之间的联系，思维就得不到发展。"动手操作是帮助学生在头脑中建立数学知识表象的过程，而表象的作用在于降低学习难度，排除思维障碍，确保逻辑思维能力得到训练。

因此，在教学中，每一位教师首先要明确操作目标，并使学生明白要干什么，明确要观察什么现象，思考什么问题。这样，学生才能进行深刻的体验和深入的探究，进而把以数学思维为核心的脑活动和动手操作活动有机结合起来。其次，教师要善于抓住时机，敏锐地将学生的思维随着活动的不断深入而引向对数学本质的思考。再次，在整个操作过程中，教师给予适时有效的引导、评价也十分重要，它能促使学生有意识地审视自己的操作过程，自觉地把操作过程中所获得的认识进行整理、提升。最后，有效的操作活动是学生兴趣浓厚、热情高涨参与的过程，这种热情正是学生参与操作、思考的动力，是其不断创新的力量源泉。缺少了热情，犹如让学生吃一道没有放盐的菜，食之无味，食欲全无，更谈不上思维的参与。学生情感的罢工，往往造成学习动力不足，只有让学生带着积极、主动的心态和良好的情感投入操作活动，学生才能"做"在其中、乐在其中、得在其中，操作的价值才能真正得以体现。

5. 让儿童在对比交流中学会反思

课堂是出错与纠错的地方，那么是不是纠正了儿童的错误认识就完成教学任务了呢？正确的观念是不是在纠正错误后就形成了？高明的老师一定会让儿童在对错误的剖析中、在与同学的对比交流中学会反思。

还记得在《平均数》一课中有这样一个环节：我让学生估计一下，国家自然博物馆在5天内平均每天售出大约多少张门票（1300张、1100张、1000张、900张、700张）。其中有一个小姑娘估成了1500张，我让她采访那些估计得比较准确的同学。

生：你估计的1500张，这个数比最大的数还多，这是不可能的，平均数要比最大的数小，比最小的数大。

师：听了这位同学的发言，你想说点什么吗？

生：我估计的数跑到最大的数外边去了。

师：我非常佩服第一次估计就比较准的同学，你们思考问题有根有据。但我更佩服身边的这位小姑娘，虽然第一次她估计到"最大的数外边"去了，但是她学会了和同学们交流，还能接纳别人的意见，修正自己的认识。这是很好的学习方法，我们都应该向她学习。

正是经历了"正确"与"错误"的对比以及和同学间的交流，在两种观念的碰撞之后，孩子"顿悟"了。"最大的数外边"，表现出了孩子对平均数取值范围的认识和理解，体现了孩子对自己学习的反思。我的评价也让孩子们感受到善于反思是一种很好的学习方法。

在我的很多课上，当学生出现错误时，我先让大家讨论找到正确答案，接着让出错的同学在出错、纠错之后再一次谈谈自己的感受，比如问："你想说点什么？"让学生进行反思，学会从错误中汲取经验教训。学生的回答是对错误的一种再认识。在我看来，错误的价值已不在于错误本身，而在于师生通过集体纠错活动所获得的新启迪，以及让孩子真正在错误中觉醒！

北京师范大学的周玉仁教授曾言："在吴老师的课中，教师的主导作用是潜在而深远的，学生的主体作用是外显而巨大的。"

在课堂教学中，教师应该精心组织各种形式的数学学习活动，为学生提供充分展示个性的舞台，让学生在活动中交流，尽情展示各自独特的思维过程和情感体验。对学生在课堂上的精彩回答或错误回答，教师都应抓住时机及时追问，引导学生阐述自己的思维活动，帮助学生在交流中进行自我反思、自我觉悟、自我总结。

6. 培养儿童思维的创造性

我认为小学数学教师的任务绝非只是把教材上的知识教给儿童。为了丰富儿童的知识，提高儿童的数学素养，教师应充分挖掘课程资源，把广阔的数学世界中适合儿童的素材引入课堂，让儿童在愉悦的心境中学习、体验、探索。这样，儿童才能真正学会学习，达到学习的最高层次——学会创新。

创新思维是获取和发现新知识活动中应该具备的一种重要思维，它表现为不循常规、不拘常法、不落俗套、寻求变异、勇于创新。

儿童的数学创造，并不是成人所想象的那样——要有一项造福人类的新发明，产生多么高的经济价值、社会价值。我认为，小学生的数学创造是在其原有经验的基础上提出自己与众不同的想法，提出有挑战性的问题，能用自己独特的思路去解决问题，激起其他同学探索的欲望。我们要努力为学生创设有利于探索的问题情境，引发学生的认知冲突，鼓励学生探究、创新。

欣赏儿童的与众不同，唤起儿童的创造火花

我发自内心地欣赏孩子们的"杰作"，特别是学生那些与众不同的"壮举"。例如《三角形面积公式推导》一课：

同学们根据新旧知识的联系，利用转化的方法，推导出了三角形的面积公式。大部分同学用两个完全一样的三角形拼成平行四边形或长方形（如下图），再通过三角形与平行四边形或长方形的关系得出正确的结论。

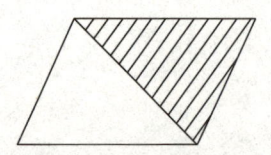

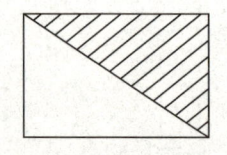

一节课最重要的问题看似解决了，学生也理解了三角形的面积计算方法，此时我提出一个具有挑战性的问题："除了这种方法，还有其他方法能推导出三角形面积的计算方法吗？"刚刚平静的课堂，气氛立刻又活跃起来，同学们再次讨论开，有的拿出学具拼摆，有的干脆把三角形撕开。同学们饶有趣味地画着、剪着、拼着……三角形面积公式"$S = \frac{1}{2}ah$"就在孩子们的动手操作中产生了。在推导过程中，同学们"各显其能"，不同的思路，不同的方法，最终都得出了三角形的面积公式。

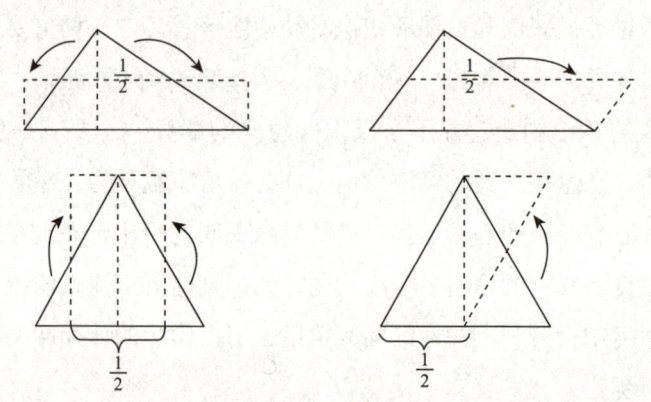

在亲自动手实践中，孩子们经历了"直观动作思维—具体形象思维—抽象逻辑思维"的过程。在这个充满探索的过程中，孩子们的智慧在指尖上跳跃，创造性思维得到发展。

让学生能够如此淋漓尽致地发挥与创造的关键是教师的态度。我抱着对学生欣赏的心态，鼓励学生去探究，呵护学生的点滴新想法，激活孩子们心中创新思维的火花。只有这样，孩子们才能敢猜想、敢挑战、敢创造，才能在探索数学知识的过程中敢于提出与众不同的见解。创新便从这里起步。

鼓励儿童大胆地猜想和验证

在课堂教学中，我常常让孩子们展开想象的翅膀，大胆地去猜想、去验证。孩子们来到课堂不是带着空空的脑袋进来的，他们已经有了自己熟悉的生活经验和一定的数学知识的积累。我们要充分发挥学生的主动性，挖掘他们的潜力，给他们创设猜想、探索、验证的机会。

例如，《比的基本性质》教学是在"商不变"及"分数的基本性质"的知识基础上学习的。上课伊始，我为学生营造了一个想象的空间。"在除法里有商不变的性质，分数也有一个分数值不变的基本性质。除法、分数、比之间有着密切的联系，比会不会也有一个比值不变的基本性质呢？"同学们大胆地提出了这样一个猜想。这个猜想是否成立？它的依据又是什么？同学们举出了不同的例子进行验证，终于发现了比的基本性质。

鼓励儿童质疑问难，大胆挑战

培养儿童的创新精神还要培养学生实事求是的科学态度，使他们敢于坚持真理，敢于提出富有挑战性的问题。在教学中，教师应鼓励儿童大胆质疑，引发他们积极主动地提出富有挑战性的问题。在多年的数学教学工作中，我努力营造和谐、民主的教学氛围，经常鼓励学生多提问题、敢提问题，鼓励儿童大胆地猜想、验证，鼓励儿童敢于挑战、敢于质疑。

一位教师在讲长方形和正方形的关系时说："因为长方形的特征正方形都具备，而正方形的特征长方形并不完全具备，所以说正方形是特殊的长方形。"老师的话音刚落，一只小手已高高举起："老师，我有意见。您说长方形的特征正方形都具备，可是长方形相邻的两条边不相等这个特征正方形并不具备，怎么能说正方形一定是特殊的长方形呢？"这个问题把老师也问糊涂了，一时不知怎么回答。这位教师并没有因此而否定这位学生，而是实事求是地说："你提了一个老师还没想过的问题，你比我善于思考，很了不起。不过，这个问题我还没想好怎么回答，给我点时间好吗？下课后咱们再讨论。"这位老师以宽容谦和、实事求是的态度赢得了学生的喜爱，这对学生是一种潜移默化的影响。

有一次在我讲到画圆要用圆规时，一位学生提出："不用圆规就不能画圆吗？"还有一次当我讲到用直角三角板可以测量直角时，孩子们又提出："如果不用直角三角板就没有别的办法测量吗？"这些富有挑战性的问题，引起了学生们的热烈讨论，他们创造出了多种画圆的方法和测量直角的办法。

除了及时鼓励孩子们大胆地提出问题、大胆地质疑，在课堂上我还常常有意识地出错，让孩子们来批评、质疑，从而培养学生敢于提出问题、善于提出问题的学习品质。

7. 培养儿童思维的批判性

思维的批判性是指严格估计思维材料和检查思维过程，善于独立思考，不受暗示干扰，善于发现问题、提出质疑、进行争论，不断分析解决问题所依据的条件，反复检查已拟订的假设、计划和方案，善于客观地考虑正反两方面的论据，善于明辨是非曲直，不人云亦云，不盲从附和。

小学数学思维的批判性，在概括过程中表现为善于精细地估计数学材料，准确地选择推理条件，善于从正反两方面思考推理过程，并能及时调整和校正；在推理过程中表现为善于从不同角度去理解概念，区分相近概念，善于区分不同的运算法则、定律、性质及其适用的条件，善于发现并指出推理过程中可能出现的错误倾向，排除错误的干扰；在运算过程中表现为解决数学问题时善于排除无关因素的影响，善于进行辩证的思考与分析，自觉检查思维过程，自我控制和调整思维方向，对解答结果能自觉作出估计和检验。

我常常在课堂中为学生创设交流的机会，慷慨地把时空让给学生，鼓励学生独立思考，发表自己的见解，形成"自由争辩"的学风，让学生"敞开心扉，心与心地交流碰撞，在碰撞中体验探索的乐趣"。学生不同的认知水平带来了课堂上激烈的辩论，我恰当地引导和评价，给学生创造了勇于挑战的良好氛围。学生在辩论中质疑、挑战，探索真理，增强了思维的批判性。

我在教学《商不变的性质》时，出示了这样的反馈练习：判断下面的式子与"48÷12=4"相等吗？请出示反馈卡。

式1：(48×5)÷(12×5)　　(√)

我问："这道题为什么对呢？"

学生说："根据商不变的性质，判断是正确的。"

式2：(48÷4)÷(12×4)　　(×)

对于式2，有三名同学认为其是正确的。于是我请持不同意见的双方各出一名代表，到前面辩论。（认为是对的同学为正方，认为是错的同学为反方。）

反方：请问"商不变的性质"是怎么叙述的？

正方：在除法里，被除数、除数同时扩大或缩小相同的倍数，商不变。

反方：这道题目中的被除数、除数是同时扩大或缩小吗？

正方：（仔细地看了看）噢，被除数是缩小，除数却扩大了。

反方：那么这道题符合"商不变的性质"吗？

正方：不符合。

反方：那你们为什么同意这个答案呢？

正方：（不好意思地低下头）我们只看到"相同的倍数"，忽视了"同时扩大或缩小"，错了。

在课堂辩论中，学生明白了"商不变的性质"，除了要考虑"相同的倍数"外，还必须考虑"同时扩大或缩小"。辩论让学生意识到，在数学中思考问题要严密。常言道：道理不说不明，知识不辩不清。争辩无疑培养了学生思维的批判性。

在课堂教学中，尽管教师作了充分的预设，但课堂上还是会出现各种意想不到的情况。教师要抓住课堂的生成，并能根据学生的情况适时调整教学思路，当学生出现不同意见时，适时引导学生进行辩论，引导学生在辩论中寻求最佳答案，使学生对所学的知识理解得更加深刻。在辩论中，学生深切地体会到，在现实生活中，数学知识的应用要灵活，在解决实际问题时，不仅要考虑数学因素，还要考虑其他相关因素。

要培养学生的批判性思维，我们应注意以下两点：

（1）培养学生的数学思维方式比呈现数学知识更重要，让学生体会用数学方式来处理问题比仅仅得出正确结论更重要，让学生学会数学方法比拥有数学知识更重要。

（2）要善于引导学生在观察、实验、猜测、验证、推理与交流的数学活动中，有机会真正经历"数学化"，获得数学思想和方法。要以数学知识为载体，培养学生思维的深刻性、灵活性、批判性、敏捷性、创造性，使学生会思考、长智慧。

在小学数学课堂教学中，教师不应只关注学生的知识、技能目标，更应关注学生的思考，使学生用数学的思维方法去观察、分析社会，解决现实问题，真正做到为形成学生的数学素养而教。要让学生学会"数学地思考"，培养他们良好的思维品质，真正获得数学学习的思想和方法，自觉运用数学的思维方式来观察和解决生活中的实际问题。

8. 培养儿童思维的敏捷性

思维的敏捷性是指思维活动的速度，表现在数学学习中就是善于抓住问题的本质，正确、合理、巧妙地运用概念、法则、性质、公式等基本知识，简缩运算环节和推理过程，使运算既准又快。因此，强化技能训练是培养思维敏捷性的主要手段。

小学生数学思维的敏捷性，在概括过程中表现为善于快速地概括出数、式、形和数量关系中的数学特征、规律以及相应的解题技巧；在理解过程中表现为善于迅速地抓住数学问题的实质，熟练地进行等价变换；在运用过程中表现为能用压缩了的结构发散数学思维，思路清晰，弯路少；在推理效果上表现为能从冗长的分析推理中解脱出来，减少中间环节，简缩数学推理过程和相关的运算系统。

"快速反应"训练

在学生掌握了分数比大小的方法后，为引导学生创造性地学习，我设计了下面的练习。

比较下面每组分数的大小，并说明理由。

$\dfrac{6}{6}$ 和 $\dfrac{8}{8}$　　$\dfrac{4}{7}$ 和 $\dfrac{9}{19}$　　$\dfrac{19}{20}$ 和 $\dfrac{10}{11}$

（学生静静地观察着，沉思片刻后纷纷举起手来，气氛开始活跃。）

生：因为 $\dfrac{6}{6}=1$，$\dfrac{8}{8}=1$，所以 $\dfrac{6}{6}=\dfrac{8}{8}$。

生：我来说 $\dfrac{4}{7}$ 和 $\dfrac{9}{19}$。先通分，$\dfrac{4}{7}=\dfrac{76}{133}$，$\dfrac{9}{19}=\dfrac{63}{133}$；再比较，因为 $\dfrac{76}{133}>\dfrac{63}{133}$，所以 $\dfrac{4}{7}>\dfrac{9}{19}$。

师：$\dfrac{4}{7}$ 和 $\dfrac{9}{19}$ 比大小，除了通分的办法，难道就没有更快捷的办法了吗？

（教室里顿时安静下来，学生默默地思考着……）

生：我发现 $\dfrac{4}{7}$ 大于 $\dfrac{1}{2}$，$\dfrac{9}{19}$ 小于 $\dfrac{1}{2}$，所以我认为 $\dfrac{4}{7}>\dfrac{9}{19}$。

师：（赞许地看着）看来不通分，借助一个参照数，也能够很快地帮助我们作出判断，你真了不起！

（在这种思路的启发下，有学生很快想到了以"1"作为参照物。）

生：我发现 $\dfrac{19}{20}$ 比 1 少 $\dfrac{1}{20}$，$\dfrac{10}{11}$ 比 1 少 $\dfrac{1}{11}$，又因为 $\dfrac{1}{20}<\dfrac{1}{11}$，所以，$\dfrac{19}{20}$ 比 $\dfrac{10}{11}$ 更接近于 1，$\dfrac{19}{20}>\dfrac{10}{11}$。

在训练中，我们要注意加深学生对知识的理解，并把重点放在训练学生思维的灵活性和综合运用知识的能力上，注意训练的形式要多样化，同一内容以不同形式出现，让学生从不同角度去认识同一问题，提高学生的应变能力。

"火眼金睛"训练

请看"火眼金睛"的练习：

学习组合图形后，为了培养和训练学生的观察能力，我请同学们计算下面图中阴影部分的面积。

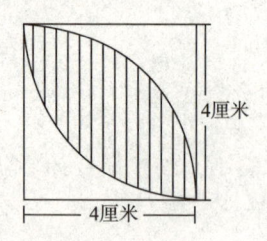

同学们细心地观察和分析着。过了一会儿，张明站起来说："这道题表面上看比较复杂，但仔细一看，在图中画出正方形的对角线，用 $\frac{1}{4}$ 的圆面积减去三角形的面积就得到阴影部分面积的一半，再乘2，这样就求出了阴影部分的面积。"

我借助电脑软件展示学生的思路：

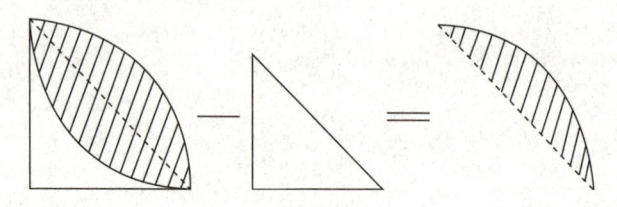

受张明同学的启发，学生的思维活跃起来，从不同的角度观察、审视这个组合图形，又想到两种不同的解法：

（1）用正方形的面积减去 $\frac{1}{4}$ 圆面积，得到空白部分面积的一半，再用正方形的面积减去2个空白部分面积的一半，就是阴影部分的面积（见下图）。

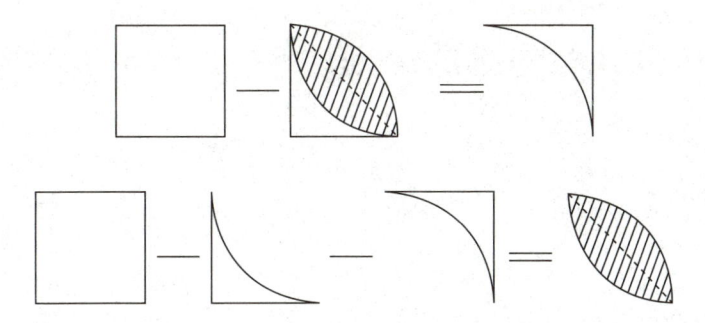

（2）用 $\frac{1}{4}$ 圆面积乘2，再减去正方形面积，得到的就是阴影部分的面积（见下图）。

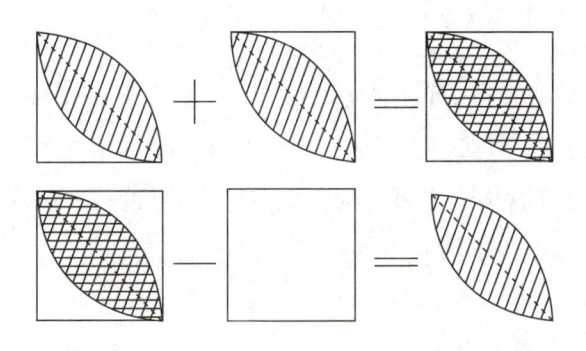

在细心的观察中，同学们得到了启迪：只有透过表面现象，才能看到问题的实质。此时的观察不是一般地看图，而是一个有目的的感知过程，善于观察才善于创造。因此，在日常教学中，根据教材的重点、难点，精心设计训练的内容、层次，有利于练就学生善于抓住题中的关键，拥有一双"火眼金睛"，从而使学生找到正确思维的"快速通道"。

为了进一步促进学生思维品质的发展，我十分注重学生的思维训练。在数学课堂教学中，我加强了假设、对应、逆向、转化等多种思维训练，重视让学生从生活经验和已有知识中学习与理解数学，并将数学思想和数学方法融入其中，促进学生数学素养的提高，从而达到培养思维敏捷性的目的。

9. 培养儿童思维的深刻性

思维的深刻性表现在思维的深度上，是发现和辨别事物本质的能力。数学思维的深刻性表现在：善于抓住主要矛盾的特殊性；善于洞察数学对象的本质属性和内在联系；善于挖掘隐含的条件与发现新的有价值的因素，能迅速确定解题策略和组合成各种有效的解题方法。

我在引导学生认识长方体、正方体后，出示了一个对面是正方形的长方体（如下图），然后提问：这个物体是长方体还是正方体？请根据特征判断。

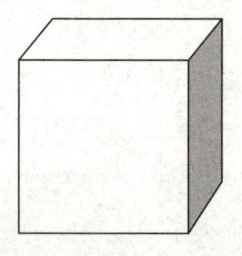

学生出示反馈牌，两种意见的人数约各占一半。

我请双方各出一名代表谈谈为什么这样判断。（认为是长方体的同学为正方，认为是正方体的同学为反方。）

正方："我想问对方一个问题，正方体具有什么特征？"

反方："正方体的 6 个面都是相等的正方形，12 条棱的长度相等。"

正方:"请你们仔细看看这6个面都是相等的正方形吗?12条棱的长度相等吗?"

反方认真看了看这个物体,自言自语道:"我看它很像正方体。"沉思了一会儿说:"你们的问话对我很有启发,这6个面不都是正方形,12条棱的长度也不相等,看来我们判断错了。"

这时反方的另一名同学突然站了出来,提出了一个谁也没有想到的问题:"这个物体不是正方体,也不是长方体。因为长方体的6个面都是长方形,而它有一组对面是正方形。"

刚刚平静的教室又沸腾起来:"对呀,这组对面是正方形,不符合长方体的特征啊!"

我站在前面,认真地倾听同学们的辩论,不紧不慢地提示了一句:"还记得长方形与正方形之间的关系吗?"

同学们的思维又活跃起来:"正方形不就是特殊的长方形吗?""对,长方体可以有一组对面是正方形!""这个物体是长方体,它符合长方体的特征啊!"

同学们笑了,我也笑了。

这是学生刚刚学完新知后进行的一场辩论。在辩论中,学生倾听对方的观点,吸收对方的正确之处,发现并修正自己对长方体、正方体的错误判断。"还记得长方形与正方形之间的关系吗?"一个恰到好处的提问,启发了学生,进一步让学生明白了长方体、正方体的概念,以及它们之间的关系。一个小小的辩论会,给学生创造了思维碰撞的平台。虽然课堂辩论的主体是学生,但教师的恰当组织和引导也是十分重要的。首先,教师要有正确的组织方式,分好正反方,主持好双方的辩论。其次,由于小学生的语言表达能力并不是很强,尤其是低年级学生,很可能出现"口欲言而未能"的情况,因此在辩论中,必要的时候,教师应对学生的观点进行转述,让对方以及场下的同学都听明白。最后,当学生的思维出现卡壳,或陷入死胡同时,教师要找准"卡点",对学生进行准确引导,巧妙启发,防止学生思路堵塞。在教师的指导下，学生的辩论顺利展开。

教学中，教师要利用知识的新旧之间、整体与局部之间、不同特点之间的差异引发儿童的认知冲突，注重问题情境的创设，打破儿童已有认知结构的平衡状态，引起内心的冲突，激发参与问题的愿望，使儿童的认知在"冲突—平衡—再冲突—再平衡"的循环和矛盾中不断得到强化，在主动完成认知结构的构建过程中培养思维的深刻性。

吴老师说：

思维的深刻性是思维品质诸多特性中最具基础的要素，对其他品质具有统摄和联动作用。在认识事物时，若缺少对其本质的深刻揭示，灵活性便无从谈起，批判性等将是无源之水、无本之木。因此，我们把培养思维的深刻性作为培养其他思维品质的立足点和突破口，在揭示这种本质特征的过程中，运用"发展、变化""抓主要矛盾""透过现象看本质"的辩证思维方法，帮助儿童建立数形统一观，构建数学辩证、对立统一观，促进儿童对问题的深刻思考。

10. 为儿童搭设开放的舞台

儿童思维是否活跃以及活跃到何种程度，是评价一堂课学习效果的重要标尺。我在教学中围绕重点、难点或关键点，常常设置一些认知冲突，引发学生的质疑和深入思考。同学们时而紧锁双眉，沉思不语，时而各抒己见，主动质疑，教学过程跌宕起伏。

在课堂教学中，如果能够为儿童搭设展示的舞台，我们的课堂就能更多地呈现出一种开放与生成。我们要随时捕捉学生的疑问、想法、创见等精彩瞬间，充分利用生成性资源，让学生的思维得到发展。

下面是我在教学《商不变的性质》时的一个插曲。

师：（学生初步总结出规律后）这个性质对所有的除法算式都适用吗？你们有没有对其他算式进行过实验呢？

（同学们心领神会，拿起笔，用不同的算式开始了验证。）

生：在 8÷4=2、16÷8=2、80÷40=2、800÷400=2 中也发现了相同的规律。以第1题为标准，后面三道题的被除数和除数分别扩大了2倍、10倍、100倍，商不变；以第4题为标准，前面三道题的被除数和除数分别缩小到原数的 $\frac{1}{10}$、$\frac{1}{50}$、$\frac{1}{100}$，商也没变。

（教师将这组题板书在黑板上，还有同学举出了不同的例子，也验证了这个规律。)

生：老师，我有一个问题，12÷6=2，8÷4=2，这两道题符合这个规律吗？两道题的商没变，被除数和除数是怎么变化的呢？

师：这个问题提得好，谁能来帮忙解释？

（教师用充满信任的目光注视着班里的每一位同学。）

生：我觉得符合这个规律，被除数和除数都同时扩大了，只不过不是整数倍。

师：你能说说是多少倍吗？

生：是一倍半吗？

师：（兴奋地）对了，就是一倍半。你看到了被除数和除数同时扩大了1.5倍，所以这道题同样符合这个规律。在今后的学习中，我们会接触到这个问题，那时就会更加理解了。

（一个男生高高地举起了手。）

生：（急切地）我还发现了一个问题，在我们刚才总结的规律中，我认为要把"0"排除掉，这样才严密。

师：（将目光投向全班）同意他的说法吗？

（同学们不由自主地为他鼓起掌来。）

在这个案例中，我并没有亲自解释学生的质疑，而是引起同学之间的争论，让同学们自己发现、探讨，解决疑问。在这个不断提问、解答的过程中，学生加深了对"商不变的性质"的进一步理解。高水平思维的沟通，让学生体会到课堂是大家学习、探讨的天地。在这样的氛围里学习，孩子们是愉快的。周玉仁老师这样评价这节课："课堂是生命交流的驿站，是思维碰撞的舞台。在这节课中，知识的获得是学生思维碰撞的结果，是学生智慧的结晶。"

相信学生，为学生搭设开放的舞台，就会有意料不到的精彩。

第四辑

创设『好吃又有营养』的数学课堂

1. 创设让儿童充满期待的好课堂

回望与孩子们共处多年的课堂生活，往事历历在目，情怀犹在心头，一个个难以忘怀的记忆碎片连接成一条丰富多彩的追梦之路……忘不了孩子们探究活动后获得新知识的灿烂笑容；忘不了孩子们质疑、解惑、顿悟后的茅塞顿开；忘不了孩子们为了证明一个结论是否正确而争论得小脸通红；更忘不了一双双明亮眸子中那缕清澈的光，那里有期待、有渴望、有热爱、有梦想……

教师与儿童每天在学校生活的主要场所是课堂，孩子们天天在课堂里学习，他们期望遇见好老师，遇到好课堂……

好课堂，触及儿童心灵。儿童的成长需要心灵的呵护，需要情感的慰藉。有情感滋润的课堂是甜的，缺失了情感的课堂是苦的。儿童在成长的过程中，除了知识的习得、能力的培养，更应该获得良好的学习感受。好课堂关注儿童心理活动，激发儿童兴趣和自信，使其在学习中能获得积极的情感体验，全身心地参与学习的全过程。好课堂有兴奋、有感动、有顿悟、有惊喜……

好课堂，尊重每一位儿童。好课堂尊重儿童的人格，尊重儿童的认知规律，尊重儿童的成长规律。儿童是有情感、有个性、有差异、有独立人格的人。我们既要把小孩子当作大人那样去尊重，又要把小孩子当作小孩子那样去理解、宽容和善待。尤其是让学习暂时有困难的孩子能看到前行的亮光和希望，有自省、自悟的空间，有重新跃起的机会。教师不是知识的简单传递者，而是思维的激活者；教师不是技能的机械训练者，而是学科育人的引领者。好的课堂会尊重、关注每一位儿童，让每一位儿童都有表达和进步的机会，让每一位儿童心灵舒展，快乐成长。

好课堂，坚守规律。一是坚守儿童认知规律，二是坚守数学知识发展规律。数学是有联系的，数学是有结构的，数学是有系统的。繁杂的数学知识中一定会有一些核心的概念统领，抓住了核心与关键问题，纲举目张，举一反三，触类旁通。好课堂会根据知识间的内在联系与儿童智力发展的规律，重新组建数学知识结构，将拥有共同本质特征、体现相同逻辑关系的数学知识，集合在一个鲜明的主题下，建立知识结构群，使碎片化的知识系统化、整体化、结构化、逻辑化。好课堂坚守规律，实现核心概念的统领与整合，凸显数学本质，沟通知识联系。同时，建好"承重墙"，打通"隔断墙"，促进深度学习，使儿童在高质量的课堂学习中获得可持续的发展。

好课堂，充满智慧。智慧的课堂关注儿童智力活动的质量，通过激励儿童学习的内驱力，挖掘儿童学习的潜力，将思维能力的培养落实在每一个学习活动中。数学教育的重要任务就是培育儿童的思维能力。好课堂引发儿童持之以恒地追问和不断深入思考，鼓励儿童不断地发现和提出问题，并能积极地分析和解决问题，并在"问题链"中产生深刻认知。课堂教学的智慧在于把知识激活、思维激活，通过课堂学习让儿童间接体验或直接参与新知识发生和创建的过程，感受知识的力量，尤其是感受数学独特的思维价值和逻辑魅力。智慧的数学课堂教会儿童学会学习，使之拥有举一反三、融会贯通的能力。智慧的课堂鼓励儿童创造，善于给儿童搭建平台、创设机会，使儿童发展的可能真正实现。

好课堂，儿童有念想。好课堂会让儿童流连忘返，有念想，对后续学习有期待与渴望。我们时常看到这样的景象：下课铃声响了，孩子们思未尽、情未了……这样的场景在老师们的课堂中不知道出现过多少次，我多么希望这情这景会出现在每一天、每一节课……好课堂是温暖的。当教师把儿童放在心上的时候，儿童也会给老师同样的回报，常常因"亲其师"，而"信其道"。好课堂即便下课的铃声响起，孩子们依然会沉浸在学习的乐趣中，心存期待。有期待就有继续前行的力量。

好课堂，儿童充满期待……

2. 在生活中学数学

数学源于生活，数学知识与生活有密切联系。如果能让学生体验数学知识产生的生活背景，不仅可以培养学生的应用意识，还能让其更深刻地理解知识，同时能感受到数学的应用价值。

学生在学习数学之前已经有了一定的学习体验。虽然这些体验可能是不系统的，不全面的，不严谨的，甚至还会有错误的理解，但是这正是学生学习的基础。教师要基于学生的前经验，引导学生经历数学化的学习过程，从事理走向数理，深化学生的学习。

请看一个教学案例带给我们的思考：

学生要为新家选择一副窗帘。信息中给出了一扇窗的长和宽的数据，请学生选择一个合适尺寸，并求出窗帘用料的面积。教师的目的是让学生联系生活实际选择一个大于窗户面积的窗帘，可是学生却问："老师，是真联系实际呀，还是假装的？"

很显然，这是我们的教学中过于重视数学公式解题，忽视真实背景造成的结果。有时我们的数学教学脱离现实，只是停留在知识和技能的训练上，导致孩子们只会按公式机械地做题，逐渐地把数学变成了应试训练，把教材变成了训练题库。学生虽然生活在丰富多彩的现实中，可是一旦进入数学学习，就"与世隔绝"。就像一汪"无源之水"，看着美丽，却不知它的来龙去脉。如何缩短学生生活与数学的距离，改变原有经验"陌生化"的局面，引导学生了解数学的真实面貌呢？"寻水之源"——教与生活联系的真实的数学。

要让学生感受数学从生活中来，就要根据学生的年龄特点，将教学内容和他们已有的生活经验与知识背景相结合，创设情境、设疑引思，使学生有更多的机会从熟悉的生活中发现数学问题，从而体验到探索的愉悦。

数学学习正是对有关数学现象的重新认识，在原有认知基础上的总结与升华。因此，教师要善于设计与生活实际有联系的数学情境，课程内容的选择要贴近学生的现实生活，有利于学生体验与理解、思考与探索。例如，学生能够理解和掌握加、减、乘、除四则运算的意义和方法，在很大程度上就是因为他们在实际生活中已经有了计数的体验和用数学解决简单实际问题的经验。数学学习正是帮助儿童把实物的计数与抽象的符号运算建立起联系，产生自觉的数学学习。又如，学生在学习"年、月、日"之前已经知道"我今年过生日到明年过生日正好是一年""爸爸这个月领工资到下个月再领工资正好是一个月"，多好的时间解读！孩子们把十分抽象的时间观念，通过联系自己的生活经验活生生地"物化"出来。

只有当数学不再板起面孔，而是与孩子们的生活实际更贴近的时候，他们才会产生学习的兴趣，才会进入学习数学的角色，才会真正感受和体验到数学的魅力与价值，增进对数学的理解和应用数学的信心，从而学懂数学，感受数学知识的产生和发展过程，体验数学在实际生活中的价值，从而更加热爱数学学习。

3. 在真实情境中学数学

《义务教育数学课程标准（2022年版）》指出："注重创设真实情境。真实情境创设可从社会生活、科学和学生已有数学经验等方面入手，围绕教学任务，选择贴近学生生活经验、符合学生年龄特点和认知加工特点的素材。注重情境素材的育人功能，如体现中国数学家贡献的素材，帮助学生了解和领悟中华民族独特的数学智慧，增强文化自信和民族自豪感。注重情境的多样化，让学生感受数学在现实世界的广泛应用，体会数学的价值。"

有效的数学活动情境要有利于教学目标的实现，为教学的进一步展开、学生的进一步学习发挥重要作用。在教学中，如何把教材与现实生活有机地结合起来呢？创设情境，能唤起学生亲近数学的热情，助力学生有效地学习，促进学生数学素养的提高。

真实情境引入新课

请看《折线统计图的认识》的教学片段：

> 教师介绍第23—28届奥运会上我国所获得的金牌总数，然后问学生："为了使大家能更清楚地了解和看到这些数据的发展变化，你认为可以用哪些方法来表示这些数据？"

学生呈现出统计表和条形统计图（如下图）。

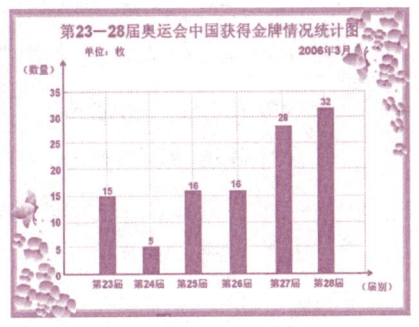

教师又问："统计表和条形统计图能清楚地表示出金牌数量的多少，如果要反映历届奥运会奖牌数量的变化，还可以怎样表示呢？"学生在不断地尝试、交流和讨论中逐渐完善了对折线统计图的认识。

这个案例属于新课引入的教学活动情境设计，考虑到学生对统计图的认识不是一无所知，因此创设了以奥运会为活动情境的主题，通过将条形统计图与折线统计图对比，引入新知识，让学生在自主探索中完善对折线统计图的理解，感悟折线统计图的价值。

真实情境激发探究

请看《方向与位置》的情境设计：

一上课我说："同学们，今天我们继续学习确定位置。想一想生活中有哪些事情需要确定位置？今天我们就从一个故事说起。在茫茫的大海上，一艘渔船迷失了方向，假如我们是营救人员，现在发现了渔船的位置（如右图），要想准确地报

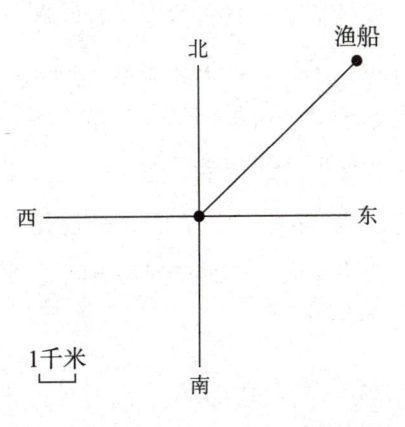

告给指挥部,用什么办法告诉指挥部呢?"

"我有一个办法,可以告诉指挥部这个地方有什么参考物。""可以用几点钟方向来确定位置。""还可以说在指挥部6000米的地方。"学生纷纷发表自己的意见。

我进行板书和归纳后,布置了如下任务:请在任务单上写下一句话——报告指挥部,渔船在您的什么位置上。

学生静静地写着。我在教室里巡视着,并小声地说:"我看看你是怎么给指挥部报告的。"边看边收集学生的作品。

之后我依次呈现了4位同学的作品,并邀请他们进行汇报:

1号同学:报告指挥部,渔船在您的东北方向。
2号同学:报告指挥部,渔船在距您6000米的地方。
3号同学:报告指挥部,渔船在您2点钟方向,距离约6000米。
4号同学:报告指挥部,渔船在距您6000米的地方,那里有一片湖。

我接着问:"你们对4位播报员的播报有想法吗?有想法的请举手。"

这个案例中,一上课我就通过故事引入,将学生带入到解决问题的真实情境中,根据学生已有确定位置的知识和经验,充分放手让学生独立思考、交流,自主探索解决问题。在交流过程,依次呈现4位同学的作品,帮助学生初步感受到,要依据参照点的具体方向和距离才能准确地描述出物体所处的位置。在产生认知冲突后我并未急于揭晓正确答案,而是给学生表达的机会。在表达的过程中,让学生的认识得到提高,对知识的理解也更深入,从而找到解决问题的方法。

真实情境拓展练习

请看《可能性的大小》一课的教学片段：

快乐商场正在进行促销活动。抽奖转盘由红、黄、绿三种颜色组成。如果你是商场这次活动的策划者，打算怎么设计这个转盘？如果你是一个顾客，你想怎样设计这个转盘？请你选择一种身份设计抽奖转盘。

这个为商场促销设计转盘的活动情境，新颖、有趣，引起学生的极大兴趣。策划者或顾客是两个完全不同的角色，在设计抽奖转盘时，策划者自然希望获得一等奖的可能性小，顾客则希望获得一等奖的可能性大，因此学生必然积极参与、认真思考，运用"可能性大小"的知识去诠释自己的设计，真正达到运用知识、巩固知识的目的。

4. 在对话中学数学

巴西教育家保罗·弗莱雷（Paulo Freire）说："没有对话，就没有交流，也就没有真正的教育。课堂应该是对话的课堂。"课堂上，我们要大胆地把教师缺少启发的"独白式"的讲授变成师生平等的对话，让学生有更多的机会来表达，从而产生高效的交流。

也有人说：如果两个人各有一个苹果，交换后每人还是一个苹果；如果两人各有一种思想，交流后每人至少拥有两种思想。从国际事务到人与人之间的关系，从政治领域到学术领域，"对话"已经成为人们追求的一种状态，同时也成为人们达成目的的有效策略。"对话"同样是课程改革所提倡的重要理念之一，是课堂中不可或缺的教学行为。

在传统的课堂教学中，师说生听、师问生答已成为习惯，在缺失了学生主动说的同时，也缺失了学生自主参与建构认知的环节，这种课堂上的"高度集权"使学生难以获取真正的主体地位。在课堂上，教师应该关注的不是对学生说了多少话，而是说了多少学生能理解的话。

例如，在《百分数》的教学中，我利用现实情境中的随机数据引入百分数，学生利用百分数可以认识现实世界中的随机现象，如某位职业篮球运动员罚球"命中率"、某城市雾霾天数所占比例等，引导学生了解利用百分数可以对随机事件作出判断，根据数据制定标准，从而感受百分数的统计意义。在学生理解了百分数的意义后，我和学生开始了这样的对话：

师：第一场比赛就这样决定了胜负，2号同学获得了第一名。如果让4名选手再来一次比赛，2号同学还一定是第一名吗？

生：不一定，因为我感觉这4名同学中，每个人投的"命中率"都会有变化，其他几名同学也有可能获得第一。

生：不一定，说不定2号同学下次的"命中率"就没有这次高了。

生：我认为每个人都有可能下次发挥失常或者发挥得更好，这些数据都有可能发生变化。

师：就拿2号选手来说，他的"命中率"是50%，假如再来一场比赛，他的"命中率"一定是50%吗？

生：说不定下一场有可能是53%，也有可能是40%左右。

生：但是，到底推荐谁去比赛呢？

生：可以多比几次。次数越多，我们作判断时把握性就越大，可以看出谁的水平更好一点。

师：你们对数据的感觉越来越好。比赛的次数越多，虽然每次的结果不一样，但是数据多了，就会发现这些数据稳定在一定的范围内，有了一定的规律，我们就可以根据这些规律对即将发生的随机数据进行预测。当然也会出现特殊情况，不过出现的可能性会很小。也就是说，我们既要有一双发现规律的眼睛，又得心平气和地承认和接受特殊情况的出现，一切皆有可能嘛。有了这样看问题的角度就是进步啊！刚才的讨论，让我们找到了一把判断事物程度的重要标准尺子——百分数，它既可以表达确定性数据的倍数关系，也可以对未发生的随机数据进行刻画与判断。

通过对"再进行一次比赛"的对话，学生感受到百分数也可以对没有发生的事件进行判断和预测，从而体会百分数的随机性，知道百分数能对随机数据进行刻画，深化对百分数统计意义的理解，从而培养学生的数据意识。其实，在现实生活或科学技术、文化、艺术等领域的很多困惑、问题都需要用统计的方法和思维方式来解决，如航天事业发展状况、理财投资、人体健康状况等都是百分数学习的现实情境和素材。在教学中，教师不仅要让学生通过搜集生活中的利率、税率、出勤率等，结合分数的意义学习理解百分数对确定数据关系的表达，同时要引导学生体会百分数是对随机数据关系的表达，理解百分数的统计意义，让学生感受百分数就像一把标尺，通过两个数量的倍数关系，帮助人们作出决策和推断。例如某天可能下雨的概率、某商场购物活动的中奖率等，这些都指向随机事件中可能性发生的大小，在百分数的学习中培养学生的数据意识。

数学课堂中的这种有效对话，不仅仅是学生与教师、学生与学生之间的对话，更是学生与数学本质的一种对话。

在教学过程中，我们要巧妙地变"知识"为"话题"，引发不同观点的碰撞，给学生以新的启迪，引发学生深入思考，从而完成知识意义的建构。正如钟启泉先生所说："对话性沟通超越了单纯意义的传递，具有重新建构意义、生成意义的功能。"

当然，在课堂教学中，我们也不能冷落与讨论同样重要的"静思默想"。学生只有静下心来，沉浸于思考之中，才能调动起个人的生活经验、知识积累，从不同的角度对知识进行不同的理解，产生独特的个人体验。只有让学生静静地感悟、默默地思考，才能让课堂张弛有度、动静相宜，展现出"对话式"数学课堂的魅力。

5. 在操作中学数学

教师不是知识的搬运工，不能把教材里的内容一股脑地搬到孩子们的头脑中；学生不是等待填充的容器，不能等待教师向里面装填各种知识；课堂教学也不是简单地把知识从一个头脑装进另一个头脑，更不是机械地把知识从书本搬进孩子脑子里的简单操作。要想保持孩子学习数学的兴趣和好奇心，激发他们的聪明才智，就要给孩子提供猜想验证、质疑问难、动手实践的机会，让孩子真正成为探索者，通过自己的努力和尝试，去发现数学中的"新大陆"。

实践证明，学生的思维是在有效的数学活动中发生、发展的。孩子在亲自参与的操作实践活动中不断积累活动经验，提升了观察、实验、猜测、验证及推理概括的能力，理解和掌握了基本的数学知识与技能、数学思想与方法。

我认为，小学生的数学学习与中学生有着明显不同，小学阶段更多的是操作数学。比如在学习三角形内角和时，小学生先是度量不同类型的三角形的内角度数，并计算出它们的和，初步感知到三角形的内角和是180°。在此基础上，用实验的方法加以验证。可以把一个三角形的三个角剪下来，拼成一个平角来加以验证，也可以通过折一折等实验操作活动，让学生归纳出三角形内角和为180°。中学生学习三角形内角和时是用平行线的性质与平角的定义来证明三角形内角和为180°，为正式学习证明作准备。小学生学习三角形内角和主要依靠动手操作与观察，动手操作不仅仅是满足学生好奇心，提高学生的学习兴趣，更是儿童学习数学必需的一个内化过程，是由感知到表象再到抽象的过程。

例如，在学习长方形、正方形面积计算时，教师请学生想办法比较面积很接近的长方形和正方形纸片的大小。学生动手操作，用一个一个小正方形纸片去铺满整个图形。在动手操作中体会用"单位度量"的价值，感悟面积公式产生的意义。又如，在学习圆锥体体积计算时，把同学们带到操场，邀请同学们为学校操场施工遗留的废沙石搬运问题出谋划策。学生面对真实的情况，要思考废沙石的体积有多大，每辆车大约能运多少，需要几辆车能把废沙石全部运走……在亲自参与的问题解决中培养了学生解决问题的能力，发展了应用意识。再如，学生对"巴霍姆围地"的讨论：

四年级的孩子们刚刚学完长方形、正方形的面积计算。一个小故事却引发了学生的热烈讨论：一个叫巴霍姆的人，想在草原上买一块地。卖地的人说："你如果愿出1000卢布，那么你从日出到日落走过的路围成的地就都归你。不过，你日落之前必须回到原来出发的地方，否则你的钱就白花了。"巴霍姆觉得很合算，就付了钱。他想走出最远的路线，得到尽可能多的土地。第二天，太阳刚刚升起，他就开始在大草原上奔跑起来。如果你是巴霍姆，你会怎样围地？

师生共同分析：如果巴霍姆用尽全力，他跑的路线长短是不变的，关键是看他围成什么形状。大家发现这是一个数学问题：周长一定时，什么图形的面积最大？

同学们大胆地进行猜测：

生：我会走一个长方形。我认为长方形的面积会大一些。

生：我想走一个正方形。

师：哪一个猜想是正确的呢？你们有什么办法证明？

生：我们可以用一根固定长度的绳子围一围，然后再算一算各自的面积。

生：也可以画出各种周长相同的长方形和正方形，量出长与宽，再算出面积。

师：同学们的想法都特别好，有了猜想就要通过实践来进行验证，可以画一画、围一围、算一算。以小组为单位进行研究吧。

有的同学拿出事先准备好的绳子，在桌子上围成不同的长方形，一会儿用尺子量一量，一会儿又动笔算一算，还有的同学在本子上画出不同的长方形，再来算一算面积……教室里充满了研讨的氛围。

之后，请同学们汇报：

生：我们画了3个长方形，周长都是20厘米。第一个长方形长8厘米，宽2厘米，面积是16平方厘米；第二个长方形长7厘米，宽3厘米，面积是21平方厘米；第三个长方形长6厘米，宽4厘米，面积是24平方厘米。我们感觉长和宽差得越少，面积越大。

生：我们用40厘米的绳子围成了不同的长方形，都记录下来了（见下表）。我们认为围成正方形面积最大。

周长（厘米）	长（厘米）	宽（厘米）	面积（厘米^2）
40	19	1	19
40	18	2	36
40	17	3	51
40	16	4	64
…	…	…	…
40	10	10	100

生：我们的发现和前面的同学差不多，长和宽差得越少，面积越大，到正方形的时候，面积就最大了。

……

师：如果巴霍姆要围成四边形的土地，正方形的面积最大。你们太了不起了，用自己的数学知识帮助巴霍姆解决了难题，谢谢同学们。我相信，随着后续的图形学习，对此问题，你们一定会有新发现。

通过故事，孩子们产生惊奇和疑问，有了研究的欲望；通过猜想，两种不同的观点碰撞，孩子们有了矛盾的冲突和探索的冲动；在验证过程中，孩子们得到了动手操作、从事数学活动的机会；在操作中，孩子们的智慧尽情展现，思维的闸门被开启，创新的灵感不断闪现。正因为有了活动的空间，有了亲身参与的机会，学生的学习潜能被调动起来，于是学习和理解数学知识的过程，变成了孩子们探索和发现数学规律的过程，变成了孩子们创造数学知识的过程。孩子们在实践与探索中对教材知识进行了创造性的解读。

6. 在数形结合中学数学

"数"与"形"是贯穿整个中小学数学教材的两条主线,更是小学数学教学的基本内容。

依据小学生的年龄特点和学习规律,我认为数与形结合的数学解读是小学生需要且有效的数学学习。数与形结合的数学学习就是引导小学生充分利用直观的"形",把抽象的数学概念、数量关系,形象、具体地表示出来。教师通过一些看得见、摸得着的树形图、集合图、线段图等帮助小学生理解数学概念,厘清数量关系,使复杂的数学问题明了化、直观化。

例如,教学《确定位置》时,教师要从现实生活中的情境引出用数对确定位置,让学生体会数对与平面上的点一一对应的关系,初步感知平面直角坐标系和极坐标系的表示方法以及思想。这个内容的学习为后续学习直角坐标、解析几何奠定了基础,有助于提高学生的空间想象能力,发展学生的空间观念,更准确地刻画现实事物的位置关系。它是"图形与几何"领域中的重要内容,是数形结合的重要体现。小学数学中确定图形的位置有两种情况:一是用直角坐标确定位置,即用有序数对表示位置;二是用极坐标确定位置,即用"距离+方向(角度)"表示位置。

用有序数对确定位置,是指两条直线互相垂直,相交于一点,体现确定位置的唯一性。以学生熟悉的教室座位图为例。教师说:"小强同学在教室的第4列,请起立。"此时,会出现第4列的同学都站起来。教师问:"小强到底在哪里？"这时学生就会意识到还需要一个条件——"小强在第几行"。假设小强在第5行，此时就锁定了唯一能确定的点（4,5）的位置。教师还可以追问："同样是4和5两个数，若写出的数对是（5,4），位置还一样吗？"从而使学生体会数对是有序的。

确定位置的第二种情况是用"距离+方向（角度）"来确定点的位置，这个点实际上是射线和圆周的交点。如在救援故事中，若我们听到这样的呼救："01、01，我在距离你3千米的地方，请求支援。"救援队能找到准确位置吗？不能。为什么？此时一定要给学生留下想象的空间，让其头脑中出现一幅图：以救援队为圆心，以3千米为半径，画一个圆，圆上有无数个点（见下图左图），位置不能唯一确定。又如："01、01，我在你东偏北30°的地方，请求支援。"救援队能找到准确位置吗？不能。为什么？还是要留给学生想象的空间，让其头脑中出现另一幅图：将救援队所在的位置抽象成为射线上的一个点，东偏北30°，这个点是在一条射线上。还是无法找到确定的点。只有将这两条有关的信息相结合（见下图右图），才能确定准确的位置，这才有了确定位置的唯一性。

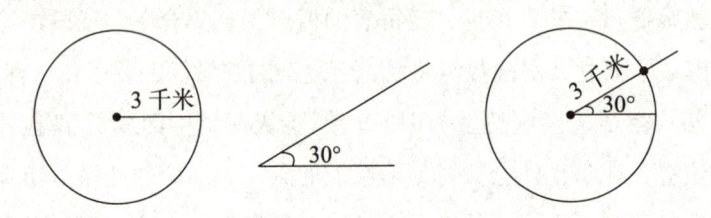

通过数形结合让学生感知在平面上确定位置需要一对有序数对或"距离+方向（角度）"，体会变化中的对应思想和唯一性，明白确定位置的两个数字或两个要素缺一不可；让学生经历"具体—抽象—应用"的认识过程，在这一过程中，通过形来研究数的特点，通过数来呈现具体的位置，在用图形和要素表示点的位置之间架起数与形的桥梁，充分体现了数形结合的直观性。

确定位置是小学阶段体现数形结合思想的重要内容，除此之外，小学数学中数形结合思想还有很多体现，如问题解决通过画图分析就是利用

"形"来分析数量关系，列式解答就是用"数"来描述数量关系，解决问题；长度、面积、体积可以通过"形"来进行直观感知，而计算公式又是通过"数"来进行度量认知；"统计与概率"领域中，"数"与"形"更加紧密，相得益彰。在教学中有许多这样的例子，例如在《数与形》一课的学习中，教师充分利用数和形结合的优势，先出示"式"引导学生想象"形"，把数和形建立关系，把抽象的"式"与具体的"形"进行连接。在学生渐入佳境时，再利用形的直观帮助学生发现规律，帮助学生解决问题，利用数来表达形发现的规律，突出数的概括性和一般化。

《义务教育数学课程标准（2022年版）》中指出，几何直观素养的具体表现之一就是建立形与数的联系，构建数学问题的直观模型，探索解决问题的思路。所以教学中不应只停留在让学生会用总结得出的规律解决问题，更重要的是让学生在学习过程中感悟数形结合的思想方法，能用数学的思维解决问题。华罗庚先生说："数缺形时少直觉，形少数时难入微。数形结合百般好，隔裂分家万事非。"抽象的概念可以通过画图来理解，要总结一类中的所有的相同点，根据形象产生思路，将问题抽象化，解决一类问题。

7. 在"问题串"中学数学

建立"问题串"是使学生思维不断深化的有效手段，成串的问题由浅入深、由表及里，为学生思维的提升搭建了一个必要的阶梯，使学生的思维更加顺畅和连贯，也有利于学生对知识的深入理解。

在课堂教学中，教师们普遍很重视课堂教学的提问，但常常出现以数量代替质量的情况。教师的提问以记忆性问题、判断性问题居多，而创新性问题、批判性问题、真正触动学生思维的问题却显得不足。如何在课堂教学中把握有效提问的技巧，使提问成为学生思维的导火索，在课堂教学中摩擦出耀眼的火花呢？教师不妨设计一些"问题串"。

退回到儿童认知起点的设问

有丰富教学经验的教师经常是在学生熟悉的、感兴趣的情境中不经意地抛出问题，使儿童的已有经验与所学新知识之间发生认知冲突，激发儿童探索的热情，唤起学生探求新知识的欲望。

在教学《异分母分数加减法》一课时，我先让学生通过折纸、画图等方法理解算理，在初步找到异分母分数加减法的计算方法后，出示三道题：$\frac{1}{4}+\frac{7}{12}$、$\frac{1}{4}+\frac{5}{6}$、$\frac{1}{4}-\frac{1}{7}$，请学生任选一题试做。学生做完、订正后，我提出以下几个问题：

问题1：做这三道题时，同学们都把异分母分数转化为同分母分数，转化时要注意什么？

问题2：为什么都把它们转化为同分母的分数？

问题3：通过计算，你认为异分母分数加减法的计算方法是什么？

问题4：在计算时要注意什么问题？

问题1、2使学生进一步理解异分母分数加减法的算理，明确转化的目的，与学生已有的学习经验巧妙对接。问题3、4是让学生在进一步明理的基础上，明确计算方法。这节课的教学重点是异分母分数加减法的计算方法，但我并不仅仅关注于此，而是把通分、化简等方法通过设问进行点拨指导，使学生在计算的时候思路更加清晰、明确。

乘胜追击的追问

在教学中，老师们常常追问："还有吗？还有其他方法吗？"这样的提问存在目的不明确的弊端，是造成课堂低效的原因之一。因此，追问的设计要有实质内容，要让学生不仅有问题可想，而且有话可说。这样，学生的思维才能逐渐深入，对问题的理解才能逐渐深刻，对数学本质的认识才能逐渐清晰。

我在教学带小括号的计算时，先在黑板上出示了这样一道题：李师傅上午工作4小时，下午工作3小时，平均每小时做12个零件。李师傅一天一共做了多少个零件？然后要求学生列综合算式解答。一位学生这样列式：

$$12 \times 3 + 4$$
$$= 12 \times 7$$
$$= 84（个）$$

我立刻让这位同学把算式板书在黑板上，然后和同学们一起开始了讨论：

追问1：大家只看这道题的列式，它的运算顺序应该是什么？

追问2：为什么在运算过程中这个算式先算加法后算乘法呢？

追问3：如果按照先乘后加的运算顺序就会与生活实际发生矛盾，怎么办呢？

沉静片刻后，学生仍然不知该如何回答。我对学生说："别着急，我请来了一位特殊的小客人，它能帮咱们解决这个难题。"白色的银幕上出现了一个红色的小括号。"有了它，就可以先加后乘了。"我说。同学们情不自禁地为小括号的出现鼓起掌来，喊道："小括号真了不起！"

教学中，我抓住了一个非常有意义的课堂生成资源（学生虽然列式错误，但根据题意却能正确计算），乘胜追击进行追问。通过追问，学生产生一种急于解决却又不知如何解决的认知冲突，为学生感受小括号的价值作好铺垫。教师的追问，使小括号在千呼万唤中应运而生，同时让学生深刻而真实地感受到小括号产生的必要性以及它的作用。

故作疑惑的反问

教师要善于激起学生思维的涟漪。恰到好处的反问，可以促使学生的思维向纵深延展，有利于发展学生思维的全面性和深刻性，进一步把握数学的本质。例如，在教学《圆的周长》一课时，我设计了以下情境。

学生4人一组，桌面上摆放着水杯、可乐瓶、圆形纸片、刻度尺、绳子和剪刀。我说："龙潭湖公园有一个圆形花坛，为了保护花草，公园准备沿花坛围一圈篱笆。需要多长的篱笆呢？你们能帮助解决这个问题吗？可以用手中的工具，小组合作探索圆周长的计算方法。"话音刚落，学生们就忙了起来。他们兴致勃勃地尝试着各种方法，全身心地投入到对问题的探索之中。过了一会儿，小组代表开始发言。

生：我们小组把圆形纸片立起来放在刻度尺上滚动一圈，就测出了它的周长。

师：真善于动脑，方法挺巧妙。如果有一个很大的圆形水池，要求它的周长，能用你们小组的方法把水池立起来放在刻度尺上滚动一圈吗？

生：我们研究了一个好方法。先用绳子在水池周围绕一圈，再量一量绳子的长度，不就是水池的周长了吗？

师：好！这的确是个不错的方法。

（教师拿出一端系有小球的线绳，在空中旋转了一圈，又旋转了一圈。）

师：（反问）小球走过的痕迹形成了一个圆（如下图），要想求这个圆的周长，还能用你们的办法吗？

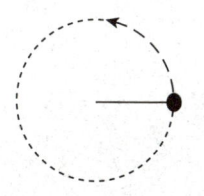

生：将这张圆形的纸对折三次（如下图），这样圆的周长就被平均分成 8 段，我们测量出每条线段的长度是 2 厘米，8 段是 16 厘米，也就是圆的周长。

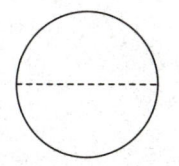

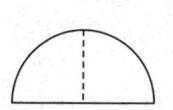

师：很有创意，你们用折纸的方法求出这个圆的周长，把曲线变成了直线段，真了不起！那你们用折纸的方法能求出刚才我说的那种情况的周长吗？

学生听完我的问题后开始反思，把对圆周长的探索推向了一个新的高潮。经过探索，规律找到了，同学们沉浸在成功的喜悦之中……

教学中，教师的适时反问打破了学生已有的认知平衡，使学生对自己的方法进行反思。恰当的反问能促进学生思维的深刻性和批判性，使学生体会到原有方法的局限性，从而产生探索具有普遍意义的方法的欲望和兴趣。

8. 在深度理解中学数学

抓住数学概念的本质是数学教育永恒的话题。概念如同数学世界的线，相关概念之间形成网络就构成了数学的基本内容框架。小学数学涉及的许多概念是非常基本、非常重要的，它们是数学的"基石"。教学中给数学的基本概念以核心地位，使学生领悟概念的本质及内涵，是实现有效教学的根本。

概念是数学的灵魂，也是学生数学学习的根基。学生形成智慧，不能仅仅依靠掌握丰富的知识，还需要实践，以及在实践中获得的经验。

在自然数概念的教学中，理解"位值"是十分抽象的。在《10的认识》一课中，我引导学生借助数位筒和小棒反复操作，感受"十进制"，在潜移默化中渗透了"位值"的概念。

师：下面请同学们看数位筒。个位筒里有几根小棒？表示什么？是几？

生：个位筒里有1根小棒，表示1个一，是1。

师：（继续放）同学们心里数，个位筒里有几根小棒？表示什么？是几？

生：个位筒里有4根小棒，表示4个一，是4。

（教师继续放。）

生：（争相回答）个位筒里有9根小棒，表示9个一，是9。

师：想一想，如果再添上1根小棒，这时是几？怎样表示？

生：再添上1根小棒是10。可是个位筒里最多只能放9根小棒，怎么办呢？

生：（高高地举起了小手）老师，我知道，可以把它们都拿出来捆成1捆。这10根小棒捆成1捆，表示1个十。

师：这1捆小棒表示1个十，可以在十位筒里放上1根小棒。（教师在个位筒的左侧又摆上了十位筒）十位筒里的这1根小棒表示什么意思？

生：表示1捆小棒。

生：表示1个十。

生：这小棒可真神奇呀！放在个位筒里就表示1个一，放在十位筒里就表示1个十。

生：对呀，对呀！同样一根小棒放在不同的位置表示的意义就不一样。

在学习数学概念时，我们要善于设计有意义的学习活动，使学生在活动中经过独立思考、探索与实践，积累数学活动经验。围绕概念本质、内涵的活动所产生的经验带着浓浓的数学味，蕴含着无限的扩展力。

数学是一门高度抽象的科学，要解决数学问题，推理是一种常见的思维方式，它在数学中占有重要的地位。推理一般包括合情推理和演绎推理：合情推理是从已有的事实出发，凭借经验和直觉，通过归纳和类比等推断某些结果；演绎推理是从已有的事实（包括定义、公理、定理等）和确定的规则（包括运算的定义、法则、顺序等）出发，按照逻辑推理的法则证明和计算。在解决问题的过程中，这两种推理功能不同，相辅相成：合情推理用于探索思路，发现结论；演绎推理用于证明结论。

在小学数学教学中，每一个结论都力求从多个特殊的数学现象中归纳推理而来。例如，在学习积的变化规律时，教材作了这样的安排：引导学生通过观察几个特殊算式得出一般规律。然而，在课堂上，教师可以在学生发现规律后，不断引导学生对规律的真实性产生质疑，从而引发学生举出丰富的实例进行验证，最终得出结论。让孩子们"亲自"得出结论，不但能使他们感受到数学推理的乐趣，更增强了思维的缜密性。

又如，在教学《加法交换律》时，教师可以按如下步骤引导学生进行学习：

（1）计算多组算式：7+3=10，3+7=10。得出结论：7+3=3+7。
还有：25+75=75+25
　　　18+40=40+18
　　　125+875=875+125
　　　……

（2）观察、分析，找出这些算式的共同点：左、右两边加数相同，位置不同，和不变。

（3）归纳加法交换律：两个数相加，交换加数的位置，它们的和不变。进而用字母 a、b 分别表示两个不同的加数，概括出一般的表达式：$a+b=b+a$。

这三步体现了从特殊到一般的思维过程。在学生学习了加法交换律后，还要让学生小结一下推理思路，帮助学生领会如何运用归纳推理来探讨问题。

演绎推理与归纳推理相呼应，是从一般到特殊的推理方法。在教学过程中，对容易混淆的概念、公式、法则，我常常采取对比的方法，帮助学生区分；对具有某些相同属性的概念则采取类比的方法，帮助学生发现概念之间的联系，从而建立起新的科学概念系统。此外，在应用定义、法则、公式、定律等解决具体问题时，我也有意地利用简略的演绎推理形式。比如，判断下面的图形是不是梯形。

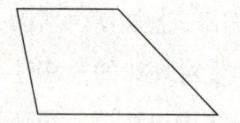

学生容易对此产生困惑，但是通过我简单的一句"什么是梯形"的引导，学生借助推理便很快得出了结论。因为这个图形只有一组对边平行，且是四边形，所以它是梯形。让学生初步了解和掌握逻辑思维的推理方法，他们会体验到学数学的过程是一个有趣的推理过程，欣赏到数学思维的无穷魅力。

教师在教学过程中，应该设计适当的学习活动，引导学生通过观察、尝试、估计、归纳、类比、画图等活动发现一些规律，猜测某些结论，发展合情推理能力，并通过实例使学生逐步意识到，结论的正确性需要演绎推理的确认。在教学中，我们要组织学生实践操作，让学生参与推理的全过程，并根据学生的年龄特征提出不同程度的要求，引导学生的思维由直观向抽象转化，使学生从个别特殊的事物中发现规律，进行归纳。学生懂得了准确、完整的答案是怎样获得的，就会从中受到科学思维方式的训练。

推理贯穿于数学教学的始终，推理能力的形成和提高需要一个长期的、循序渐进的过程。在义务教育阶段，教师要注重培养学生思考的条理性，不要过分强调推理的形式。

9. 在自主提问中学数学

让学生学会学习的重要途径就是让学生学会自主发现和提出问题。爱因斯坦说："发现和提出问题往往比解决问题更重要。"在课堂教学中，问题大多是教师提出的，学生的思维大多是围绕教师提出的问题一步步展开的。虽然在课堂中不乏热烈的讨论，但这样的课堂也会限制学生的思维，影响学生积极性、主动性的发挥，长久下去，学生必然是"等、靠、要"。给学生发现、提出问题的机会，使学生更为主动、积极地参与到学习中去，教师可以根据教学内容，引导学生在学习前、学习中、学习后提出问题，使学生能多维度思考问题，拓展思维的空间，培养学生思考的自觉。例如，吴桂菊老师在执教《倍的认识》的时候，一共给学生创设了5次自主提问的机会：

第1次：上课伊始，吴老师先板书课题——倍的认识。然后笑着告诉同学们，今天要认识一个新朋友——倍，并鼓励学生根据课题提出自己好奇的、想问的问题。学生提出了"什么是倍？""倍怎么来的？""倍跟刚学过的乘法有什么关系？"……面对学生这么多的问题，吴老师和学生一起把这些问题进行了分类梳理，归为三个：倍是什么？倍有什么规律？倍和以前的知识有什么联系？

第2次：吴老师在引领学生理解了苹果是橘子的2倍后（如下图），

提问:"大家有什么问题吗?"

这时有学生问:"我有一个问题,能说橘子是苹果的2倍吗?"

有学生回答:"'橘子是苹果的2倍',是把苹果当作标准,看成1份,那这些橘子够1份吗?橘子不够1份,应是苹果的几倍呢?"

不得不说,学生的问题是自然产生的精彩,对倍的理解更加深入,而"半倍"又引发了同学们更深入的思考。

第3次:在初识倍后,吴老师鼓励学生自主创作2倍,再动手画一画,理解倍。老师展示学生的作品后,有一个学生问:"大家为什么都把标准画在上面?我把标准画在下面了(如下图),可以吗?"

这个问题立刻引发了大家的讨论,最后大家认为可以,标准在上、在下都可以,在左边或右边也是可以的。只要我们找到5个△是1份,○有这样的2份,就能知道○是△的2倍。

第4次:一个学生在快要下课的时候,在黑板上画出3个○,○下面画出4个△,把3个○一圈(如下图),问:"以○为标准,△是○的几倍?"

学生很快发现△不是○的2倍,但也不是1倍。这是多好的感觉啊,这时△跟○比,比1倍多,比2倍少。学生对"倍"的理解是

灵活的。

第5次：就要下课了，吴老师提问："此时此刻，你又有什么好奇的、想问的？"

学生说："倍和乘法有联系，和除法有联系吗？""如果小白兔把萝卜吃完了，小灰兔的萝卜是小白兔的几倍？""倍是不是像数一样是无穷的？"……

这节课，学生先看课题提出想研究的问题，带着问题开始研究，在研究过程中又不断产生新的问题。问题引领着我们的学习。学生提出"倍是不是像数一样是无穷的？""如果小白兔把萝卜吃完了，小灰兔的萝卜是小白兔的几倍？"……这些孩子们感兴趣的、自然提出的问题将带领他们开始新的研究，对倍的认识继续走向深入。

在教学中可以在学习前提问，创设比较开放的问题情境，把陈述性问题改成可探索的疑问句，聚焦核心问题，使学生带着问题进行知识的探索；可以在过程中提问，了解学生通过自己的思考和同伴间的交流能否解决问题，在解决问题的过程中又产生了什么新的问题；也可以学习后提问，了解学生能否在解决本节课的问题之后，提出不同类型的问题和新颖性问题。课堂提问的主体既可以是教师，也可以是学生。当学生回答问题或演示、汇报后，教师可以组织全体学生进行交流，鼓励学生互相提问，这更能激发全体同学的思考。

10. 在转化中学数学

转化就是在研究和解决数学问题时，采用某种手段将一个问题转化成为另外一个问题来解决。一般是将复杂的问题转化为简单的问题，将难解的问题转化为容易求解的问题，将未解决的问题转化为已解决的问题。转化思想是数学思想的核心和精髓，是数学思想的灵魂，渗透于各类知识之中，在教学的各个阶段都起着重要的作用。

在小学数学教材中，转化的思想无处不在：加法与减法的转化，乘法与除法的转化，分数与小数的转化，除法、分数与比的转化，难向易的转化，繁向简的转化，立体向平面的转化，平面图形与平面图形的转化，立体图形与立体图形的转化，数与形的转化，抽象与直观的转化，一般与特殊的转化，未知向已知的转化等。

在《梯形的面积》课堂教学中，有这样一幕：

我在带领学生复习几种平面图形的面积计算公式及其推导过程之后，对学生说："同学们掌握了长方形、正方形、平行四边形、三角形面积公式的计算方法，又学会了用割补法把新图形转化为已学过的旧图形，根据图形间的联系，推导新图形的面积公式。今天，我们就利用这些旧知识来解决一个新问题——梯形面积公式的计算方法。"

在明确了学习任务后，我给了学生充分的自主探索空间，学生利用手中学具动手操作，小组讨论探究，出现了多种不同的推导方法。

各小组向全班汇报讨论结果。

甲组：我们小组用两个完全相同的梯形拼成了一个平行四边形。（学生边汇报，边实物演示，如下图所示。）

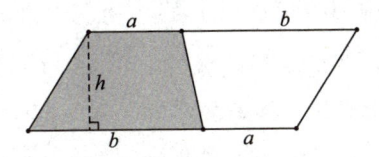

从图中可以看出平行四边形的底相当于梯形的上底、下底的和，平行四边形的高相当于梯形的高，这个平行四边形的面积相当于两个完全相等的梯形的面积的和。因为平行四边形的面积＝底×高，所以梯形的面积＝（上底＋下底）×高÷2。

（甲组话音刚落，乙组一位同学迫不及待地站了起来。）

乙组：我们小组把一个梯形割补成一个三角形。（学生叙述，同组其他成员帮助演示，如下图所示。）

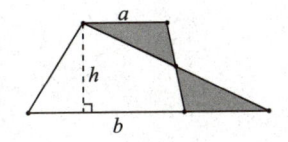

从图中可以看出，三角形的底相当于梯形的上底与下底的和，三角形的高相当于梯形的高，三角形的面积相当于梯形的面积。因为三角形的面积＝底×高÷2，所以梯形的面积＝（上底＋下底）×高÷2。

此时的课堂上，同学们跃跃欲试。我示意同学们先放下手，追问了两个问题，让同学们冷静思考："上底＋下底"表示什么意思？为什么要除以2？

学生们回答了问题之后，又继续汇报了多种不同的推导方法，精彩纷呈。

交流之后，我进行小结："同学们的推导方法各异，但万变不离其'根'，有的同学把梯形转化成平行四边形，有的同学把梯形转化成三角形，还有的同学把梯形转化成两个三角形等，这些转化都是把陌生的图形转化成熟悉的图形，再根据各部分间的关系，推导出公式。"

　　上面的课例运用到的转化思想是，"把陌生的、复杂的问题转化为已知的、熟悉的问题，通过这样的途径、策略，达到解决问题的目的"。老师在课上要给足学生操作、探索的空间，激发起学生的学习热情，在学生急于表达自己的想法时，适时引领学生进行理性思考："上底＋下底"表示什么意思？为什么要除以2？这些问题直指本节课转化思想的核心，老师带领大家深入思考，使学生感悟到解决此问题的核心就是转化。

第五辑

在整体把握中进行结构化教学

1. 在整体把握中学数学

《义务教育数学课程标准（2022年版）》提出课程组织重点是对内容进行结构化整合。"为实现核心素养导向的教学目标，不仅要整体把握教学内容之间的关联，还要把握教学内容主线与相应核心素养发展之间的关联。"整体把握知识内容结构，构建知识之间的内在关联，就是要以辩证唯物主义哲学视角审视数学教学。教学中，通过对知识内容进行结构化的整合，引导学生将零散的、碎片化的数学知识连成知识链，构建知识网，形成脉络清晰的立体知识模块，打通知识间的内在联系，让学生在发展变化的数学知识学习中，不仅获得知识，更重要的是感悟其蕴含的数学思想，获得认识事物的普遍方法，完善认知结构，促进认知能力发展。

认知心理学先驱杰罗姆·布鲁纳（Jerome Bruner）阐述了结构化学习的意义。他强调学生的知识学习要掌握学科的知识结构，知识结构则主要由基本概念和基本原理构成。他认为，每门学科都有其基本结构，学习结构就是学习事物之间是怎样相互联系的，掌握结构是教师的第一要务。我们要帮助学生建好数学学习的"承重墙"，打通数学知识之间的"隔断墙"，让学生在内容结构化的学习中获得认知能力的发展。学生在学习中一旦掌握了这种结构，就能对知识有深刻的理解；学生一旦理解了知识的本质，就能举一反三，触类旁通。

《义务教育数学课程标准（2022年版）》将小学阶段"数与代数"领域

中原有的六个主题整合为"数与运算""数量关系"两个主题。其中,"数与运算"主题由原有的"数的认识"和"数的运算"两个主题整合而成,强调数的认识与数的运算不可分离。数概念是数运算的基础,数运算是数概念的应用。数与运算紧密相连,不可分割。"数与运算"合并成一个主题体现了内容结构化的理念,使得数概念与数运算相辅相成。但是,在过去的教学中存在着数概念和数运算割裂的现象。课标强调对数与运算内容进行结构化整合,强调一致性,就是要重视对数概念与数运算的整体理解,抓住共同的核心要素,打通知识的内在关联。

以分数教学为例。有的老师将分数教学比喻为"数与代数"领域的"硬骨头",老师和学生常常都会感到力不从心。问题究竟出在哪里?关键是没有抓住数概念的本质,忽视了数概念和数运算的内在关联。分数概念是丰富的,教师要引领学生多角度理解分数的丰富意义:一是分数是一个数,它还可以表示"整体与部分之间的倍数关系"。二是从"单位"角度去理解分数,分数是将"1"这个单位细化的结果,也可以理解为该分数单位累加的结果,看作是单位的度量。这样就可以将认识自然数时所用的数(shǔ)数(shù)的经验,迁移到认识分数。三是将分数概念与运算建立关联。分数的加减乘除运算都可以看作是对分数单位的个数的运算,所有的分数运算都与分数意义关联。教学中应在建好分数概念"承重墙"的基础上,打通分数概念与分数运算的"隔断墙",建立起从整体视角理解数学概念的观念。四是从"商的定义"理解,表明分数是一种新的数,是为了保证运算封闭而生成的新的数字符号,是数域扩张的产物。分数的这四种含义在各种问题情境中是相通的,我们可以"分"出分数、"量"出分数、"算"出分数,多维度理解分数,为分数的应用打好基础。

通过数与运算内容结构的整体建构,促进学生对概念的深入理解,让分数的学习过程充满内容结构的智慧,从而唤起学生思维生长的力量。

教育心理学研究表明,掌握合理的知识结构,能够迅速内化新知,使其牢固地保存在记忆中,并形成新的知识网络。通过这样的学习,学生形成数学学习的思考路径。所学新知识的价值是什么?具体的方法策略是什么？背后的道理是什么？与先前的知识建立怎样的联系？……学生逐渐学会数学地思考，也逐渐形成知识的系统与结构，使每个知识点都能在整个知识体系中发挥应有的作用，引发学生深度思考与主动探究，促进学生思维进阶发展，逐步实现深度学习。

2. 促进教学内容的结构化

20世纪60年代，布鲁纳在《教育过程》一书中对学科结构的价值、意义和方法作了系统的阐述；70年代，施瓦布（Schwab）强调学科内容结构在课程教学设计中的作用；90年代，北京市特级教师马芯兰以结构化的思想梳理了小学数学的核心概念，并以核心概念为线索，十几个基本概念为知识的核心，把小学的主要数学知识联系了起来。《义务教育数学课程标准（2022年版）》特别提出课程内容的结构化，这背后有什么样的深意呢？

课程内容的结构化整合为落实核心素养提供了抓手。有了结构化的整合，才能促进学生知识与学习方法的迁移。20世纪80年代初期，我在马芯兰老师、刘梦湘老师的指导下，进行了"小学数学归纳组合法"的教学实验。实验的第一步就是重新整合教材内容，根据知识的内在联系和结构关系，将当时的教材内容整合成六个知识系统进行教学；接着又进行了"教法改革""学法改革""考法改革""全面育人"等系列教学实验。通过上述实验探索，我们将零散的、碎片化的知识整合为一个个有联系的知识群进行教学，大大缩短了课时，提高了效率，促进了学生思维的发展。今天回望这项改革实验，尽管对结构化赋予新的教育意义，但基本的理念是一脉相承的。课标确立了核心素养导向的课程目标，强调课程内容的组织"重点是对内容进行结构化整合，探索发展学生核心素养的路径"。由此可见，素养导向下的教学实践突出内容结构的整体化，体现数学知识本质的一致性，体现核心素养培育的一致性。

结构化至少有三个功能。首先，加强知识之间的关联，使学生能够更好地从整体上把握与理解相关的知识内容。其次，整体理解所学习的内容和方法，使学生获得一些基本的数学观念，形成数学思维，知道如何去思考问题和解决问题。最后，关注学生的长远发展，促进学生核心素养的发展。从小学一年级到六年级，学生在面对不同学习内容时，需要逐步地领悟数学的本质，能够用一种比较上位的思考方法去表达现实世界，与现实世界建立联系，而课程内容的结构化就可以用一个将某一类知识串在一起的线索去统领教师的教和学生的学，从而促进上述目标的达成。比如，将数的认识和数的运算放到一起，且不同年级的数的认识和运算的学习都要建立联系。又如，整数、小数、分数虽然形式不一样，但是能够通过"计数单位"这个核心概念，将运算沟通联系，这就是结构化的思维。用这种思维去理解新知识、新情境和新问题，这就是数学的眼光。结构化要求学生不仅要学习单个内容，记住某个概念，还要掌握内容之间的关联，体会知识的本质。

数学教育的重要目标是帮助学生形成伴随一生的思考问题的能力（会想事）和解决问题的能力（会做事），这是发展学生核心素养的根本所在。推进课程内容的结构化正是找到了核心素养落实的路径。课程内容结构化的数学教育不是碎片化知识的死记硬背，更不是机械重复地刷题，而是注重学生思维的发展，注重学生理解性的学习，注重学生对数学知识的整体把握，注重学生对数学知识概念之间联系的理解，培养学生用联系的观点观察问题、分析问题的思维习惯。有了这样的整体结构观，就不至于在数学概念的学习中"你讲你的理，我讲我的理"，就可以把表面呈现形式不同、本质一致的知识概念统一为一个理。比如，整数、小数、分数外在的形式不同，但是三个不同数域的数反映了同一个本质，即"数是对数量的抽象，数是对单位个数的表达"。其所对应的核心素养的表现也是一致的，即符号意识、数感。又如，加减乘除运算也是同样的道理，减法是加法的逆运算，除法是乘法的逆运算；乘法是加法的简便运算，除法也可以看作减法的简便运算。加减乘除运算的核心是加法，由求和的运算推演出其他运算，它们的关系反映了运算本质的一致性。在知识概念的整体建构中，以核心概念为统领，抓住本质，沟通知识之间的联系，这样结构化的教学才能促进学生理解性的学习，才能使学生在问题解决中实现知识的迁移和学习能力的迁移，做到举一反三，融会贯通。

又如，小学阶段周长、面积和体积的学习分布在不同的年级，它们不仅在结构上具有内在关联性，而且在要素构成上具有内在逻辑性，本质上具有一致性。现实中的物体及根据其抽象出的线段、平面图形、立体图形都具有可测量的属性，周长、面积和体积都是通过测量得到的结果，它们的本质都是测量单位的累加。其学习过程也具有共性，在概念建立过程中都经历了比较方法的运用、测量工具的选择、测量单位的产生、感悟统一单位的需要等环节。因此，通过内容的结构化可以变点状学习为系统认知，有利于学生理解概念之间内在的关联，发展量感和推理意识。所以，数学课程内容结构整合的教学有助于减轻学生的学习负担，提高课堂教学效率，促进学生可持续发展。

任何数学新知识的学习都是在原有学习的基础上产生的，不受原有认知结构影响的学习几乎是不存在的。弄清了知识的前后联系，教师可以充分借助学生已有的知识基础来教学。这种"以旧引新"的教学方式，不但帮助学生理解了新知，更让他们体会到了知识间的密切联系，为之后形成知识"网络"及知识之间的逻辑关系奠定基础。

新课中的练习也是沟通知识联系的有效手段。特别是求异思维的练习，扩展了学生的知识面，沟通了新旧知识的联系，从而避免了学生思考的片面性和狭隘性。在新课中播下的粒粒"种子"，需要教师不断灌溉才能茁壮成长。通过一节节相对零散章节的学习，学生会对知识有初步的认识，但是对知识间的相互联系还不是很了解，对知识的综合应用也存在着一定问题，所以上复习课是非常有必要的。然而，复习并不是对所学的知识进行简单的回忆和再现，而是一种更高层次的再学习，通过把每一章节中的知识点串联起来，发现知识间的联系和区别，从而建立比较完整的知识体系，最终长成一棵挺拔的"知识树"。

我在上复习课时，充分发挥学生的自主性，让学生积极、主动地参与复习全过程，引导学生自主发现知识间的横纵联系，使他们对知识的理解更加系统和全面。下面这幅有图形组合对称特色和整体布局的"作品"，竖看像个机器人，横看宛如一条游动的小鱼。这是课堂上孩子们自己设计的，在此过程中，他们对图形之间的联系有了更深刻的理解，展示了自己的智慧，同时也感受到自身的价值。

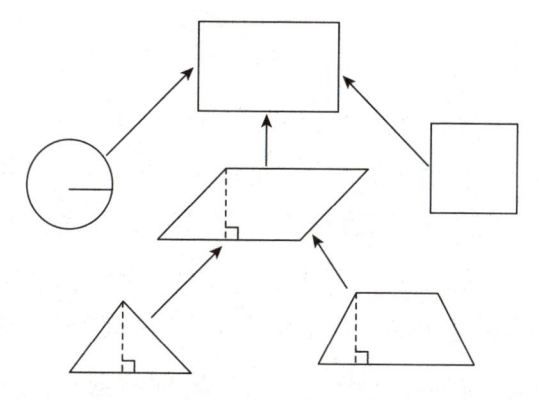

在教学中教师要善于引导学生沟通知识间的联系，建立结构化的思维。整个小学数学的知识体系好似一棵很大的"知识树"。教师要在教学中不断挖掘数学本质，以求"殊途同归"；要助力学生在心中种植枝繁叶茂的小学数学之"树"，形成完整的知识体系。只有这样，才能实现脑中有"树"，心中有"数"，教学有"术"。

3. 给儿童栽种一棵棵"知识树"

我常常对身边的老师说:"心中有棵树,教学才有术。"这里的"树"是"知识树"。在课堂教学实践中,我们经常看到一些"只见树木不见森林"的教学现象,原因就是教师缺乏整体把握教材的意识和能力,不顾教材的知识体系,不管学生认知结构的形成,从而造成低效课堂和学生的低效学习。其实,整体把握教材、整体把握儿童的认知结构是一个老生常谈的话题,但是要想真正做到的确不是一件容易的事情。

通过《面积一条龙》教学的整理复习,我启发学生,师生共同栽种了一棵"知识树"(如下图)。

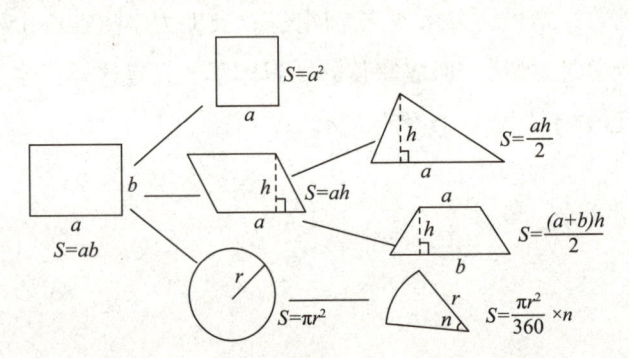

$S=a^2$
$S=ab$
$S=ah$
$S=\dfrac{ah}{2}$
$S=\dfrac{(a+b)h}{2}$
$S=\pi r^2$
$S=\dfrac{\pi r^2}{360} \times n$

通过这棵"知识树",孩子们认识到图形是有联系的、有结构的,这种结构具有整体性。从图中可以看到:以长方形为基本图形,派生出正方形、平行四边形(三角形、梯形)、圆形(扇形)这样一棵枝繁叶茂的大树,它们相互依靠、相互联系、相互作用、相互制约。这种结构是有序的，从核心到外围，长方形面积一经掌握，那些与长方形面积有关的其他图形的面积都可以由长方形面积公式推导出来，从而突出了核心知识的关键作用。这种结构是通理通法的，学生通过这棵"知识树"认识到，知识间既有共通性，也有差异性，数学的本质是探索关系，即数学强调联系、探索规律。

学生有了"面积一条龙"这样的学习经历和经验，便可以顺利地迁移，实现"体积一条龙"的学习，形成有关体积的认知结构，将平面图形与立体图形的知识沟通，进而建立起平面图形与立体图形知识之间的联系。学生在繁杂的数学知识中体会到数学知识结构的整体美，感悟到数学知识是具有整体结构的，是联系的、发展的、变化的，感受到知识的普遍联系。

这样的教学，使丰富、庞杂的数学知识变得简单。最简单的往往是最本质的，简单中蕴含着不简单。让复杂变得简单，就会使学生变厌烦为喜欢，变苦学为乐学。学生在简单中经历了观察、操作、猜想、验证、交流的数学学习过程，体验到了数学知识的本质和知识之间的内在联系与规律，感悟到了转化、比较等数学思想方法……用新课程的新理念历史地看待过去的教学，这也是我对理念的直观诠释。

这样的教学过程，使"内容结构化""单元整体教学"等理念得到落实，为学生的数学学习注入可持续发展的后劲。儿童在一棵棵"知识树"下享受着数学的"绿荫"。

4. 帮助儿童构建知识结构图

"数学知识是一幅立体的、有主有从的、活动的、延伸的、丰富多彩的美丽图画。"我曾经这样对学生说:"我们每人手里托着一个盘子,每次获得了一个新知识,盘子里就多了一颗珍珠,知识获得的越多,珍珠的数量就会相应增加。如果你们不学会整理,把它们放在盘子里就如同一盘散沙,没有太大的价值。只有把这些珍珠按照颜色、形状穿成美丽的项链,才会价值连城。"学习每到一个阶段,我都要求学生把学习过的数学知识在脑海中像过电影似的回忆一遍。教师要舍得花时间上好复习整理课,让孩子们用自己的知识经验进行建构,把孤立、静止的数学知识联系起来,如同用一条彩带去编织五彩缤纷的数学世界,在编织的同时,又甩出无数条小彩带,无论提起哪一条又能继续编织。

复习课究竟应该怎么上?作为一名研究者,我带着众多一线老师的困惑与期待,走进了数学课堂。下面以《数的整除复习》一课为例,我们一同感受纵横联通的简洁课堂。

简单的教学情境。十几张写着有关数概念的卡片散贴在黑板上,没有美丽的画面,没有动听的音乐,没有教师激昂的导语,只有这些散落在学生记忆中的数概念跃然眼前。学生看着黑板上的一张张卡片,或找寻着各自感兴趣的数概念,或迅速搜索记忆中数概念的表述或意义,或勾画着数概念间的联系……未曾上课已入境,此时无声胜有声。学生记忆的闸门已经打开了，无声的情境下是孩子们的积极思考。

简单的课堂环节。整节课分成三个环节：出示整除相关概念，学生自主分类；在汇报中梳理知识，形成知识之间的逻辑关系；在复习整理中获得解决问题的方法。

简单的教学手段。简简单单的十几张卡片在黑板上随着学生的交流、辩论甚至是争论而移动，从随机摆放的位置移动到本该属于它自己的位置上，移动到它的网络结构中。

就这样，我在这节《数的整除复习》课上，通过一个综合性的开放题，让学生经历了梳理、自主建构知识网络的过程，把归纳整理的主动权还给学生，发挥了学生的创造性。我引导学生唤起记忆、构建联系、合作交流。"是这样吗？为什么？""你同意他的意见吗？""你是怎么想的？"我轻轻地追问，促使他们相互交流、相互提问、相互启发，把学生引向更深刻的思考、更激烈的辩论、更深层次的辨析、更清晰的结果。

随着我一次次地追问，一次次适时地引导，随着学生思维的一次次碰撞，学生记忆中的那些孤立的、分散的、无序的、模糊的概念（如下图），就会以再现、整理、归纳等办法，串成了线，连成了片，结成了网，纵横沟通，形成了条理化、系统化的知识网络（见下页图）。孩子们从整体上理解和掌握了知识之间的内在联系，感受到了数学知识的逻辑性和系统性！就这样，孩子们经历了由模糊到清晰、由疑惑到顿悟、由割裂到联系、由片面到全面、由感性到理性的认识过程；就这样，孩子们收获了思维的碰撞、方法的启迪、交流的魅力、顿悟的欣喜、成功的欢欣，实现了知识在建构中增值，思维在交流中碰撞，情感在活动中融通。

（质数）（奇数）
（最大公因数）（倍数）
（合数）（最小公倍数）
　　　　　（偶数）
（因数）

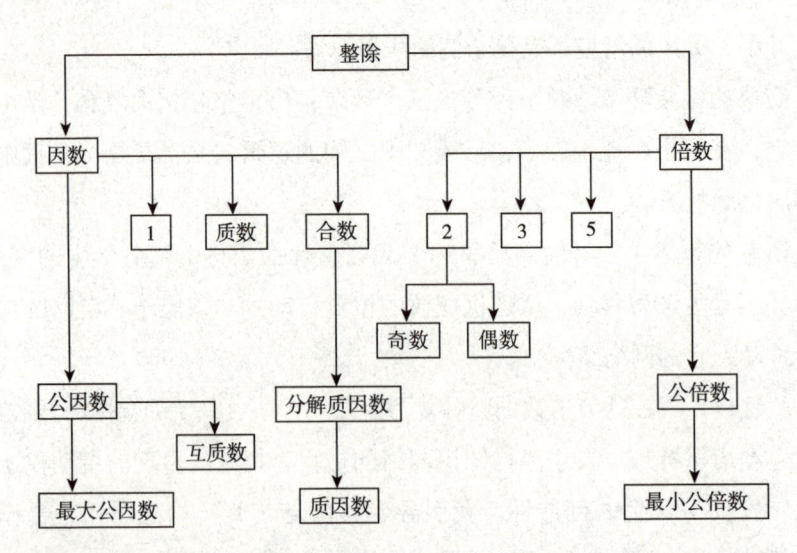

```
                            ┌──── 整除 ────┐
                            │              │
                          因数            倍数
              ┌──────┬─────┤              ├──────┬──────┐
              1    质数   合数            2      3      5
                                        ┌─┴─┐
                                       奇数 偶数
              │                │              │
            公因数          分解质因数       公倍数
              ├─ 互质数
            最大公因数         质因数        最小公倍数
```

纵横联通的网络、错综复杂的联系、安全的交流环境，在这样的课堂中，学生才有积极主动的思考、理性的质疑和释疑……慢慢地，他们品味出联系，品味出简洁，品味出兴趣，逐渐被我的数学课堂所吸引，感悟到数学知识结构的整体美、数学概括的简洁美、数学思维的哲理美、数学知识的内涵美……

在教学过程中，我以唯物辩证法为指导，在组织知识网络的过程中，挖掘教材中的辩证唯物主义思想教育因素，并据此确定教学目标，在课堂上有效实施，引导学生从一个个数学现象中感受数学里的方法论。

我以对教材的理解与对学生的了解，开展自主学习，让儿童深刻理解数学本质，喜爱数学学习。

5. 整体把握"数与运算"主题教学

数的运算和数的认识在本质上是一体的，因为数概念具有概念过程性。从数系扩展的角度来说，计数产生了自然数，加法表达计数行为的过程；乘法是对相同加数求和的压缩；减法是加法的逆运算，为了使减法具有封闭性，产生了负整数；除法是乘法的逆运算，并与分数的表达相关联。因此，可以说，数概念本身就包含着运算的过程。《义务教育数学课程标准（2022 年版）》特别强调数学的抽象结构可以表述为"研究对象+"，其中"+"的内容可以是性质、关系、运算。也就是说，在学习数学概念的同时，还要强调数学概念的性质、关系，或者运算。将"数的认识"与"数的运算"整合成一个主题能够体现结构化的理念，尤其是突出整体性的特征，使数的认识和运算同步。小学阶段所有的运算都是针对数的，所以是数的运算。"数"与"运算"二者相伴而生，计数产生了数，为了更快地计数，产生了加法和乘法，而不同的运算又产生了新的数。因此，二者紧密相连。

"数与运算"主题是小学阶段"数与代数"领域的重要学习内容之一，是培养儿童数感、符号意识、推理意识和运算能力的重要载体。我认为，数是运算的基础，运算是数的应用，小学阶段学习的运算就是数的运算，二者不可分割。我们要从该内容结构的整体性上认识数的一致性，认识运算的一致性，沟通"数"与"运算"的联系。在实际教学中出现过这种情况：认识数时就讲数，学习运算时就讲运算，存在着数概念和数运算割裂的现象。而《义务教育数学课程标准（2022年版）》强调课程内容组织的重点是对内容进行结构化整合，对数与运算内容进行结构化整合，就是要重视对数概念与数运算的整体理解，抓住共同的核心要素，沟通知识的内在关联，这是探索发展学生核心素养的重要路径。

以数的认识为例。数的认识的学习要抓住"计数单位""位值"等核心要素进行深度理解，不同学段有不同的要求。一年级学生主要通过感知和直观操作来理解数，教学中要多给学生一些感悟、体验的机会。例如学习"11—20各数的认识"，"11"中的两个"1"表示的意思不一样，这需要学生在具体"捆小棒"的直观操作中感悟，一个表示一捆小棒的"1"，一个表示一根小棒"1"，让学生感受到不同数位代表数的意义不同。到了四年级，学生要学习小数的意义，如"0.66"中的"6"，一个表示6个0.1，一个表示6个0.01。此时学生有了经验的积累，就可以从"多少个单位"的角度来表示数了，但也没必要一定说出"计数单位"这样的名词术语，教师应关注学生对数概念的感悟与理解。到了五年级，学生要学习分数意义，此时要学生经历数计数单位的过程，让学生知道$\frac{4}{5}$是4个$\frac{1}{5}$的累加。到了六年级总复习的时候，教师可以把整数、小数、分数进行整体构建，让学生进一步感悟数是多少计数单位的运作，逐步引导学生从非本质的形式走向数学本质的理解，体会数概念的一致性、数运算的一致性，沟通数概念与数运算的关联。

"数与运算"合并成一个主题体现了内容结构化的理念，使得数概念与数运算互相给力，相辅相成。在数与运算内容结构的整体建构中促进了儿童对概念的深入理解，让整个学习过程充满内容结构的智慧，从而唤起儿童思维生长的力量。

6. 整体把握"数量关系"主题教学

"数量关系"作为一个主题，实际上是主题结构化整合的基本思路的一个体现，也就是把相同本质特征的内容进行整合。从数量关系的视角理解和把握这些内容的教学，有助于从整体上认识这些内容中的核心概念和理解数量关系。

以往有关"数量关系"的内容是散落在教材中的，涉及多个主题内容，教学中很难将这些内容建立起整体结构性的联系。《义务教育数学课程标准（2022年版）》将这些看似零散的内容整合到"数量关系"主题下，更有利于学生从内容结构的整体视角理解"数量关系"，理解如何在解决实际问题的过程中应用数学模型，提高问题解决的能力。

以"数量关系"为核心的问题解决在小学阶段可以分为三个阶段：第一阶段主要是通过加减乘除运算的学习，理解不同运算中的数量关系；第二阶段主要是在第一阶段学习的基础上建立数量关系的模型；第三阶段主要是对模型的拓展应用。理解运算意义是建立模型的基础，模型的建立又为后续用字母表示关系、规律等问题解决提供依据。在这样的主题学习中，发展了学生的符号意识、推理意识、模型意识和应用意识等数学核心素养。

小学阶段"数量关系"主题主要包括以下内容：用四则运算的意义解决实际问题、理解和运用常见的数量关系解决问题、从数量关系的角度理解用字母表示关系和规律、比和比例等。初中阶段的"方程与不等式""函数"两个主题则是小学三个学段中"数量关系"内容的延续，进一步学习变量之间的数量关系，探索事物的变化规律。所以，小学阶段的"数量关系"和初中阶段的"方程与不等式""函数"也构成了一个统整的主题，具有一致性。

第一学段的"问题解决"重在联系儿童生活实际情境，理解四则运算的意义。如在加减运算的学习中，我创设了"猴子采桃"的情境：猴子弟弟采了4个桃子，猴子哥哥采了7个桃子，一共采了多少个桃子？通过有趣的情境充分调动学生的学习兴趣，引导学生积极参与到问题解决中。通过直观操作，帮助学生理解"猴子弟弟的桃子数＋猴子哥哥的桃子数＝总桃子数"这一数量关系，体会求两个数的合并用加法，进而引导学生利用加法的意义解决问题。然后将题目改为：猴子弟弟采了4个桃子，猴子哥哥比猴子弟弟多采了3个桃子，猴子哥哥采了几个桃子？学生通过说一说、画一画等学习活动，应用几何直观理解数量关系，解释结果的实际意义。其结果4+3=7（个）表示猴子哥哥与猴子弟弟同样多的桃子数＋猴子哥哥比猴子弟弟多的桃子数＝猴子哥哥的桃子数。这个算式反映了加法的本质意义，体现了相同的关系模型，这样的学习过程为后续加法模型"总量＝分量＋分量"的建立与理解奠定了基础。

第二学段在学生利用四则运算意义解决问题的基础上，引导学生理解并掌握常见的数量关系模型。在教学中，教师应充分加强与生活的联系。如"路程＝速度×时间"模型，教师在教学时可以通过借助运动会中的赛跑情境或赛跑游戏等，使学生感悟相同路程，时间少的就快，相同时间，路程长的就快，从而引出如果路程和时间都不同，怎么比较快慢。引导学生要统一标准，比较1分钟所走过的路程，从而引出"速度"这一概念，帮助学生感受并理解速度的概念。同时通过解释算式等帮助学生理解问题中的数量关系，进而提高学生的问题解决能力，感悟路程和时间、速度之间的关系，即路程＝速度×时间，形成初步的模型意识。

第三学段数量关系教学的重点是模型的拓展应用，它的着力点仍然是继续对数量关系的分析与判断。如在具体情境中，引导学生用含有字母的式子表示数量关系、性质和规律，是在实际情境中对具体数量及其关系、规律进行抽象后形成的结构性、一般化表达，培养学生的符号意识。要重视发展学生对现实生活问题进行抽象与简化的意识，可以要求学生以数学的观点来解释并解决一个实际生活中所发生的问题，以此类推，引导学生逐步形成一套关于数学的描述、数学的程序或数学的方法和工具，并尝试在现实生活中运用这个工具或方法解决问题。例如：一本书有 60 页，看了它的 $\frac{1}{3}$，还剩多少页？要求还剩多少页，就是从总量中减去已经看的，也就是用"总量－分量＝分量"来解决问题，即全书的页数－看了的页数＝剩下的页数。看了的页数＝全书的页数 $\times \frac{1}{3}$，即 $60 \times \frac{1}{3}$。最后列式为 $60 - 60 \times \frac{1}{3}$。这道题既用到加法模型，也用到了乘法模型，在这样的过程中，学生学会基于简单的模型把握复杂问题的结构，理解复杂问题常常对应着简单的数学模型，发展学生在事物发展变化中寻求规律的意识，从而养成其抓住事物本质属性去思考问题的习惯，提升问题解决的能力。

7. 整体把握"图形的认识与测量"主题教学

图形的认识主要是对图形特征的探索和描述。几何图形的抽象，不像数那样明显，我们所说的图形更多的是规则图形。几何图形大多是用一个规则的图形来表达物体的形状，这种规则图形的特征很重要，如直线图形与曲边图形中，三角形、长方形、平行四边形、圆等都是规则图形。直线图形的特征主要从边和角及其关系判断，曲边图形则要关注边和中心点的关系。所以图形的认识主要是特征的认识。

测量的重点是确定图形的大小，是对图形的进一步认识。比如，在摆正方形纸片（面积单位）测量、探索图形面积时，长方形（正方形）可以直接操作，但平行四边形、三角形、梯形不行，圆这样的曲边图形更不容易测量，这就是图形特征对测量带来的新问题，说明图形的特征与测量的关联。再如，平行四边形对边相等这个特征，我们是如何知道的呢？可以用对折的方法，但不方便对折时就需要测量两条对边的长度，判断是否相等，从而得出结论。

《义务教育数学课程标准（2022年版）》的思路依然是从直观辨认到探索特征。如在三角形的认识中，第一学段是能够辨认并直观描述三角形的特征；第二学段是从分类的角度进一步认识三角形；第三学段则是要知道三角形任意两边之和大于第三边、三角形内角和是180°等特征，从而进一步深入认识三角形。三个学段的学习内容环环相扣，培养学生的直观想象和推理意识。从度量的视角认识图形，则是为图形的认识打开了一个新视角，沟通了图形的认识与测量之间的联系。如在用小棒围搭三角形，探索并认识三角形的特征时，教师为学生提供长度不同的若干根小棒，组织学生从中选择小棒拼搭三角形。在操作活动中学生发现有的可以围成三角形，有的围不成三角形。通过观察、测量、比较、辨析、研讨，学生发现"任意两边之和大于第三边时，方可围成三角形"，从而将三角形的认识与测量有机融合，经历从直观感知到探索特征的过程。

几何图形作为一个学习对象，不仅包括对其特征的认识，如对三角形边和角及其关系的认识，还包括对其周长、面积等的度量。小学几何中的度量基本上都是对图形的测量，从一维拓展到二维、三维，分别用长度、面积、体积来描述。测量最基本的就是线段的长度，测量一条线段的长度，就是看这条线段有多少个长度单位，是长度单位的相加，面积、体积也是一样的道理。可以说，在图形特征及其关系的认识中，度量单位是一个核心概念，也是重要的概念。

图形的认识的重点主要是对图形的抽象。教师应鼓励学生在经历从实际物体抽象出几何图形的过程中认识图形的特征，感悟点、线、面、体的关系，积累观察和思考的经验，逐步形成空间观念。小学阶段对图形的认识的要求主要包括两个方面：一是对图形自身特征的认识（这是进一步认识图形的基础）；二是对图形各元素之间、图形与图形之间关系的认识，主要包括对图形的大小、位置、形状之间关系的认识。需要注意的是，对平面图形、立体图形的认识，不同学段的要求是不同的：第一学段是"辨认"，第二学段是"认识"，第三学段是"探索"。把握不同学段的要求，掌握不同阶段的学生表现，有利于帮助学生完成知识的进阶。

小学阶段关于图形测量涉及一维、二维、三维的内容，教学中要鼓励学生经历统一度量单位的过程，感受统一度量单位的意义，基于度量单位理解图形长度、角度、面积、体积等，并在推导一些常见图形周长、面积、体积计算方法的过程中，感悟单位的意义，获得度量方法，逐步形成量感和推理意识。图形测量的本质是对"图形大小的度量"，是这一主题的核心概念。为此，把握住"单位度量"这一"承重墙"，认识到度量的核心是用"单位"对图形的测量，有助于打通线、面、体等不同测量对象之间的"隔断墙"，从而在整体把握中实施深度学习。

8. 整体把握"图形的位置与运动"主题教学

"图形的位置与运动"包括确定点的位置，认识图形的平移、旋转、轴对称。学生结合实际情境判断物体的位置，探索用数对表示平面上点的位置，感悟数形结合，增强空间观念、几何直观和应用意识。学生经历对现实生活中图形运动的抽象过程，认识平移、旋转、轴对称的特征，体会运动前后图形的变与不变，感受数学美，逐步形成空间观念和几何直观。这里图形运动前后的变化是学生认识的关键，教学中如何让学生体会"图形的运动"是教学的核心问题。

图形的位置主要是确定点的位置，包括两种情况：一是指借助方格纸上的点，用有序数对表示具体的位置；二是根据参照点的方向（角度）和距离，确定物体所处的位置（如下图）。除此之外，还有利用图形位置和运动的知识描述路线图。

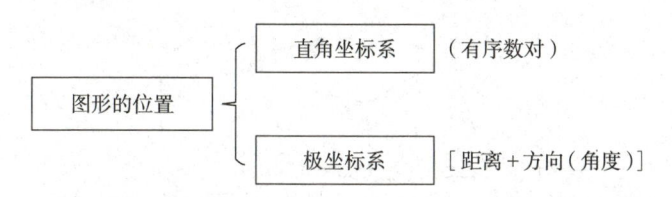

图形的位置 ┬ 直角坐标系 （有序数对）
          └ 极坐标系   [距离+方向（角度）]

总之，平面上点的位置需要用两个不同维度的数来确定，可以用"一对有序数对"来刻画，也可以用"距离+方向（角度）"来刻画，这样才能保证位置确定的唯一性，从而感受数形结合。

如下图所示，图形的运动分为刚体运动与相似运动两类。小学阶段学习的刚体运动包括平移、旋转和轴对称。刚体运动也称合同运动，运动变换前后图形的形状和大小不变，仅仅是位置发生了变化。相似运动是指图形的放大和缩小。相似运动前后图形的形状不变（对应角不变，对应边成比例），但图形大小发生变化。

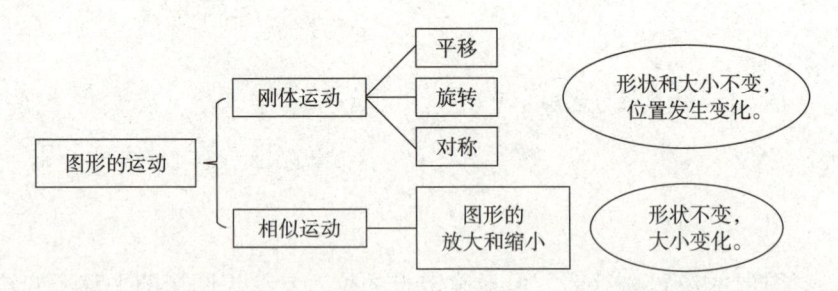

判断一个物体的运动需要参照物：我们坐在行驶的车辆中无法感知到车辆的运动，感知到的是路两旁的树木迅速后移。这是因为我们以运动的车辆为参照物，所以静止的树木都"运动"了起来。因此，描述平移、旋转、轴对称的运动必须构建参照物。

史宁中教授在《基本概念与运算法则》一书中指出：平移运动的参照物是一条射线，图形上所有的点与射线的距离保持不变，沿射线的方向移动相同的距离为平移（如下图）。平移的基本特征是：图形平移前后，"每一点与它对应点之间的连线互相平行并且相等"。确定平移变换需要两个要素：方向和距离。

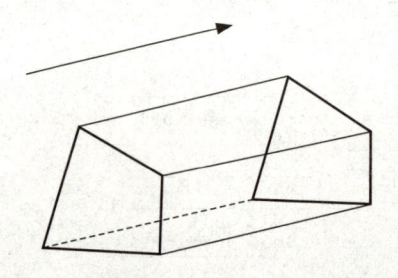

旋转运动的参照物是一条射线，图形上所有的点到射线原点的距离保持不变，相对于这条射线移动了相同角度的运动为旋转（如下图）。旋转的基本特征是图形旋转前后"对应点到旋转中心的距离相等，并且各组对

应点与旋转中心连线的夹角都等于旋转的角度"。确定旋转变换需要两个要素：旋转中心和旋转角（有方向）。

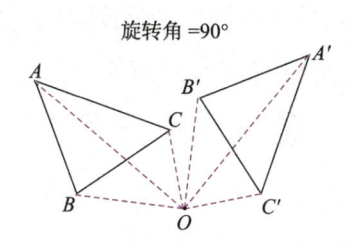

对称包括轴对称、中心对称、点对称等。其中，轴对称运动的参照物是一条直线，图形的一侧翻转到直线的另一侧，对应点到直线的距离相等，对应点连线与直线垂直。

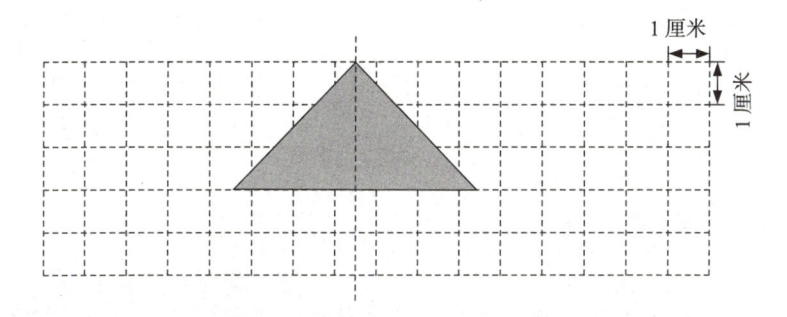

在现实世界里，世间万物都有形状且各不相同，这些图形分门别类，各有名称。图形大小不同，需要测量；不同的物体处在不同的空间，需要描述其不同的位置；物体有静态不动，也有动态变换，所以就要认识图形的运动。将图形的位置与运动整合为一个主题，进一步加强了学科内部知识之间的融合和整合，突出知识整体性和主题结构化。在教学中要进一步把握两者之间的连接点，寻求两者之间本质上的共通点。图形的位置与运动都是通过点的坐标进行表达，教学中要把握住这一核心，引导学生通过对图形位置的表达，理解坐标的意义；通过对图形运动的观察和表达（运动前后位置的表达），体会利用坐标表达的重要价值，感悟数形结合。通过图形的运动探索发现并确认图形的一些性质，有助于学生发展几何直观和空间观念，有利于学生提高研究图形性质的兴趣、体会研究图形性质可以有不同的方法。

在日常生活中也存在大量的图形变换的现象，需要人们去确定物体的位置和描述路线等。学习"图形的位置"，可以使学生更好地把握空间。运动是世间万物的基本特征，是物质存在的基本形式。学习与图形的运动相关的内容，可以帮助学生建立运动的眼光，去认识和把握这些现象。同时感受图形变化之美，图形运动中的动态之美。

9. 整体把握"数据的收集、整理、表达"主题教学

在统计学习的过程中，首先要基于解决问题的背景，收集合适的数据，其次把收集的数据通过分类、分段等方式进行整理。数据表达是为了更恰当地呈现数据的特征。数据中蕴含着信息，数据的表达可以是统计量、统计图、统计表等。选择合适的表达方式，可以使凌乱的数据有序化，使隐藏的信息直观化，使分析的过程简洁化，从而更清楚地呈现数据的特征，为更好地解决问题提供支持。所以，统计教学的核心概念是数据分类和数据表达，统计教学的一致性就是基于数据的收集、整理、表达、分析来解决问题的过程。

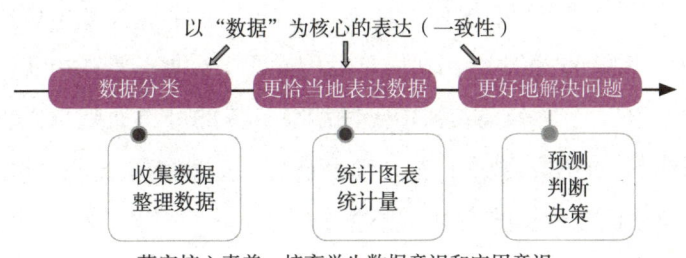

以"数据"为核心的表达（一致性）

数据分类 → 更恰当地表达数据 → 更好地解决问题

收集数据 整理数据 ｜ 统计图表 统计量 ｜ 预测 判断 决策

落实核心素养：培育学生数据意识和应用意识

统计学习中，数据分析是统计的核心，教学中要让学生经历统计的全过程。一是收集、整理数据。数据是统计的基本要素，数据收集是统计的基础。小学阶段收集的数据一般以总体数据为主，要使学生了解调查、实验、测量、查阅资料等一些简单的数据收集方法，让学生知道要想解决问

题，先要进行调查研究，培育学生收集数据的自觉。二是表达、分析数据。通过分类、排序、图表等整理、描述数据的方法对数据进行归纳，然后用文字、统计图表、符号等表示出来。分析数据的方法主要是提取数据信息，包括提取刻画数据集中趋势的平均数、刻画数据分布位置的百分数等。三是根据数据信息作出预测、判断。利用数据解释或说明问题，利用数据的变化估计总体的变化趋势，根据数据背后隐藏的信息分析问题，作出合理决策，为人们解决问题提供数据依据，以更好、更高效地解决问题。

统计学习中把"数据"这个核心概念贯穿始终，正是对内容结构整体性的统整。这既体现了统计以"数据"为核心表达的一致性，又体现了核心素养培育的一致性，即在统计与概率的教学中落实培育学生的数据意识和应用意识。

《义务教育数学课程标准（2022年版）》中，小学阶段统计内容主要有两个主题，第一学段明确提出"数据分类"主题，突出从事物分类向数据分类的过渡。数据分类是在事物分类基础上的抽象，是数据的整理与表达的基础。第二、三学段将"简单数据的统计过程"改为"数据的收集、整理与表达"，体现了统计的学习重点是数据分析，数据的收集、整理与表达是数据分析的过程。我们从学段衔接的角度看整体性把握，小学和初中两个阶段的统计内容在纵向设计上是紧密结合的。《义务教育数学课程标准（2022年版）》在小学和初中阶段均设置了数据分类的内容，小学阶段要求学生初步了解分类，初中阶段涉及具体的分类原则与方法，四分位数、箱线图、百分位数等，都是学生感悟和实践数据分类的数学知识载体。小学阶段侧重数据的收集、整理与表达的整个过程，更多的是对数据进行描述性统计分析，初中阶段更多的是对数据进行推断性统计分析。这种内容结构的设计有助于凸显统计核心内容中蕴含的核心素养，推动核心素养的落地。

在小学阶段要注意把握统计学习的阶段性，学习要不断进阶、螺旋上升，这就需要教师有整体性的视野和把握能力。例如，在第一学段要把事物分类作为重点，与儿童的学前经验有机结合，做到能根据事物的物理属性进行分类。在第二、三阶段，随着统计图、统计量的学习，逐渐从事物分类过渡到数据分类，把数据分类作为重点，在分类过程中还要考虑分的类是不是有意义、是不是合适、是不是有利于解决问题等，使数据分类与要解决问题的背景和表达方式紧密相连，找到合适的分类方法。数据分类看似是第一学段学习的统计内容，但其贯穿于整个统计学习过程中，是数据收集、整理与表达的基础。例如在学习平均数时，《义务教育数学课程标准（2022年版）》中呈现了这样一个案例：《人民日报》2021年1月18日《科技视点》指出，从1970年到2020年的50年里，我国成功发射300星，平均每年发射6颗星。教学中，我们可进一步引导学生从"数据分类"的角度再观察，发现每一个"百星"发射的时间不同，可以将"百星"发射时间分段，结合每"百星"在三个不同时间段的平均数，与"平均每年发射6颗星"比较，从而使学生更加直观地感悟到数据变化的趋势与程度，感受我国航天事业的加速发展，感悟到数据的力量及"数据分类"的价值。通过此案例，学生感受到"数据分类"可以帮助人们作出更加合理的选择和判断。在统计图和百分数的学习中，我们同样会看到有效、合理的"数据分类"是进行合适表达的基础，合适的数据表达才能更有效地解决问题。所以，贯穿统计学习始终的"数据分类"是统计学习的基础。

　　统计图是描述数据、表达数据的重要手段。在统计图教学中，首先，要整体感知小学阶段几种不同统计图的区别与联系。统计图都能直观地表达数据，使信息一目了然，有利于人们便捷地提取、分析和利用信息，解决问题。条形统计图是在数据分类、数据的收集与整理、统计表等基础上形成的，直观呈现了不同类数据的数量，反映了数据分布的状态。折线统计图不仅能表示数量的多少，还能清楚地反映数量的增减变化，主要功能是表达数据的变化趋势，根据数据的发展趋势作出简单的判断和预测。扇形统计图能直观表达部分和整体的关系，可与百分数的学习有机结合。其次，在学习中要注意引导学生进行比较，让学生感受三种统计图各自的优势。条形统计图有利于直观、形象地表示数量的多少，将不同类别事物的数量进行比较；折线统计图有利于直观了解数据的增减变化，在连续的变化中发现问题、综合分析、得出结论、作出预测，为决策提供有力支撑；扇形统计图有利于直观表示部分和整体的关系，用百分数表示各部分所占的百分比及其差异。这样更有利于学生选择适合的方式进行数据表达。最后，要注意让学生感受到统计图学习的进阶，从统计表到学生创作统计图，从认识规范的统计图到用多种形式的统计图表示等，要给学生自主探索的空间，让学生在循序渐进中感悟数据表达的重要性，培育学生选择合适表达方法的能力。

统计量同样是对数据特征的刻画与表达。"平均数"和"百分数"作为小学阶段学生学习的两个重要的统计量，我们也要有整体把握的意识。在教学中，我们要从多方面让学生感受平均数与百分数的联系。首先，在素材选择中感悟关联。例如，百分数教学中选用"比较森林覆盖率"，平均数教学中选用"比较人均水资源"，看似选择的是完全不同的两个素材，说明的却是一个道理：有些事物的比较不能只看单一体量的大小，要根据真实的问题背景，找到两个相关数量之间的关系，再选择合适的统计量来表达（平均数、百分数）。在此过程中，学生感受到需要先求出平均数或百分数，才能有利于比较，帮助学生体会到在体量不同的情况下，需要通过合理选择两个量的关系，即用平均数、百分数刻画一组数据的特征进行比较。通过素材本质的一致性，教师引发学生用新知唤起旧知，新旧融合，促进学生整体性地理解两个统计量的共同特点，并在解决问题中建立关联。其次，在数据表达中感悟关联。例如，在利用百分数确定班级1分钟跳绳标准的活动中，要在体育课上收集每位同学1分钟的跳绳数据。在收集数据的过程中，学生意识到要想客观、合理地记录跳绳成绩，就需要取每个人多次跳绳的几组数据，再算出平均数，用平均数作为每个同学的跳绳成绩更客观、合理。学生在用百分数解决问题的过程中，勾连了另一个统计量——平均数，很好地感悟到运用平均数能减少数据表达的误差，使数据表达更客观合理，进一步体会平均数的代表性、百分数的随机性。两个统计量在对数据的表达与刻画中建立了关联。最后，在预测与判断中感悟关联。百分数和平均数作为重要的统计量，能够刻画一组数据的特征，帮助人们作出判断和决策。教学中，教师应注意引导学生对用百分数和平均数解决问题的过程进行比较。比如，利用百分数可以制定"班级跳绳标准"，利用平均数可以制定"儿童免票线标准"。通过比较，学生体会到平均数和百分数这两个不同的统计量都可以对事物进行预测与判断，感受数据的随机性，同时感受数据刻画与表达的共性，从而在综合运用知识解决问题中感受百分数和平均数的联系，发展数据意识与应用意识。

10. 整体把握"综合与实践"主题活动

《义务教育课程方案（2022年版）》指出："加强课程内容的内在联系，突出课程内容结构化，探索主题、项目、任务等内容组织方式。"《义务教育数学课程标准（2022年版）》一方面将前三个领域内容进一步统整，划分成七个主题，突出课程内容的结构化；另一方面，调整"综合与实践"领域内容与方式，突出课程内容的综合化及学科育人方式的变革。

"综合与实践"强调在真实情境、现实问题中，将多学科知识、技能，知识理解与问题解决有机融合，为知识应用提供土壤；让学生的数学学习回归现实世界，充分发挥数学知识、方法的基础性和工具性，感受数学的价值与作用，引导学生在真实情境中发现问题和提出问题；利用观察、猜测、实验、计算、推理、验证、数据分析、直观想象等方法分析问题和解决问题，真正提高学生问题解决的能力。"综合与实践"领域的学习本质上是一种问题解决的活动，学生将在感兴趣的真实情境、现实问题中，通过观察、推理、设计、操作、表达、合作、探究等具身活动，使学习从被动走向主动，应对挑战，统整多学科知识、技能、方法，积累问题解决经验，提高应用意识及创新能力，进而提升核心素养。这里的核心素养，不仅包含数学学科核心素养，也包含跨学科的、共通的核心素养。

主题活动和项目学习是"综合与实践"领域内容呈现的载体。主题式学习、项目式学习是分别对应主题活动、项目学习内容的学习方式。主题式学习、项目式学习之间并没有严格的界限，但有层级的区分：主题式学习可视为项目式学习的初级版，项目式学习可视为主题式学习的进阶版。主题式学习是围绕生活中或者其他学科中的数学知识，以主题的形式开展活动。在现实背景中提出问题后，教师要引导学生在实践活动中学数学、理解数学，建立数学和其他知识的联系，包括和生活的联系。例如，"欢乐购物街"是"综合与实践"领域第一学段的主题活动，其内容要求为："在实际情境中认识人民币，能进行简单的单位换算，了解货币的意义，具有勤俭节约的意识，形成初步的金融素养。"与《义务教育数学课程标准（2011年版）》相比，《义务教育数学课程标准（2022年版）》的要求显然更加注重在真实情境中，即在生活购物活动或模拟购物的活动中体验和学习。面对其中的变化，教师们在备课中需要思考几个问题：（1）怎样"了解货币的意义"。学生要认识并知道货币可以用来购买物品，也可以用来定价计价。人们买东西要付钱，这就是在"交换"——这是货币的意义。（2）如何"合理使用人民币"。合理使用人民币，对小学生而言，除了知道正确保管人民币，还要学会尝试询价比较，量入为出，合理消费。引导学生在购物活动中，了解同样买7元6角的东西，可以有不同的付钱方式，可以用小面额的人民币凑成需要的价钱，也可以付10元钱再往回找钱。总之，根据不同的情况对具体付钱的方式进行选择，这也是"合理使用"能力的一种表现。（3）如何形成"对货币多少的量感"。学生要知道元、角、分三个单位的大小，知道10元比5元多，教师更需要帮助学生积累"货币与不同价格商品对应"的经验，对货币值属性的大小有直观的感觉。因此，学生不仅要认识人民币的面值、了解种类、知道单位间的换算关系，更要在丰富的买卖主题实践活动中，观察、对比、操作、交流、感悟，不断积累上述经验。显然，要想达成课标中的要求，仅靠教师讲、学生操作学具是不行的。教学中一定要在真实的场景中，在让学生亲自参与的买卖活动中认识人民币，了解元、角、分之间的关系，合理使用货币，积累使用货币的经验，形成对货币多少的量感。比如，可以围绕"快乐购物"主题设计系列实践活动，学生通过模拟为售卖的商品定价，扮演买卖双方进行付钱、找钱，到真实的市场购物等活动，在具体活动中认识人民币、学会换算、感悟货币的意义、积累购物的经验、形成初步的量感和金融素养、学会交流与表达等。融入"认识人民币"学习的"欢乐购物街"主题活动直接唤起了学生认识人民币、人民币换算等新知学习的需求，激发了学生学习的兴趣。学生在"一买一卖"的活动中，运用新知解决问题，感受学习的价值，学习起来就会更积极、更主动、更投入、更自信。特别是从"课堂里学习"到"活动中学习"的转变，也使得学习的时间和空间得以最大扩展，促进了学生的自主学习和发展。

项目式学习是针对生活中或者其他学科中真实情境的问题，以完成特定任务的形式开展学习，强调在现实背景中提出问题，由核心问题分解、派生出相关的任务序列，学生应用多学科知识研究、探索、解决问题。与主题式学习相比，项目式学习在背景信息、问题结构、涉及知识上会更复杂、更丰富，具有更强的现实性、探索性、综合性。课标中设计的主题活动案例，教师实践时可以改造成项目学习，即采用主题式学习还是项目式学习，可以根据主题内容、学生经验及学校条件等的因素来确定。项目学习"水是生命之源"，其"学业要求"是"能合作设计生活中用水情况的调查方案，并展开调查，在调查中进一步优化方案；会查找与淡水资源相关的资料，从资料和实地走访中筛选需要的信息，提出问题，确定解决问题的思路，提高应用意识；根据问题解决中的发现和收获，制订节水方案，尝试设计节水工具或方法，培养创新意识；在问题解决中加深对水资源保护等社会问题的关注与理解"，从中可以提取出"设计、优化方案，调查、筛选信息，确定解决问题思路，制订节水方案或工具，增强社会问题理解"等主要要求。这些要求既有指向多学科知识应用的，也有指向生活/社会问题解决方法、策略实践的，更有指向问题解决一般思路建构的。例如，有教师以"水是生命之源"的任务设计为例，对应该项目学习的"内容要求""学业要求"，设计了"了解淡水分布储备信息→整理信息，提出问题→调查研究，解决问题→总结交流，倡议节水"四个学习任务。分析四个学习任务的逻辑关系可以发现，这是"基于对现实信息的梳理，提出、分析、解决问题,将问题解决策略应用于生活"的设计路径。这个路径可以用以完成"水是生命之源"项目学习,也可以作为学习任务规划设计的一般路径迁移到其他主题活动中。还可以思考:结合本地、本校的资源条件,可以调整或补充哪些学习任务?如有的教师加强了对淡水资源统计数据的调研,进一步借助统计图表、统计量知识的应用,帮助学生了解我国淡水资源的分布情况,以及水资源总量和人均水资源量这些有联系的数据提供的不同信息;有的教师将浪费水量及节水措施的调查对象聚焦在学生家庭,设计了"滴水对比小实验""我家节水小妙招"等具体任务;有的教师强调了"学校内浪费水现象调查"的学习任务,将其细化为"学校用水设备分布""不同点位用水量调查""同学们浪费水的行为(瓶装水喝一半、洗手洗抹布浪费水)观察与调查"等子任务,分组做具体规划,获取数据,为后面本校节水措施的制定提供有针对性的证据支撑;有的学校地处黄河、长江流域,紧密结合黄河、长江水体保护工程,进行实地参观、数据调查等,在现实场域中展开学习,让学生更深地体会问题从现实中来;还有的教师将此项目学习作为学校环保系列活动之一,强化了对节水倡议的宣传及节水行动的追踪……由此可见,同样聚焦于"水是生命之源",不同学校可以依托资源、学生经验设计不同的任务序列。但这样一个具有现实性、开放性、综合性、探究性的主题内容,无论怎样展开具体的子任务,其中必然包含"调查信息""获取数据""提出问题""制订方案""解决问题""反思交流"等基本任务。这些基本任务是课标中实例的提示,是学校创造性设计实施"综合与实践"活动的基本参照。

  总之,面对小学数学"综合与实践"领域的新变化,教师要充分认识"综合与实践"活动对学生发展的意义;要准确把握课标要求,调整角色,做好参与者、指导者、协调者、评价者;要主动扩充自身知识储备,加强与其他学科教师之间的合作,共享各学科的课程内容和学习方法,促进学生积极主动实践探索,培育落实核心素养,促进学生可持续发展。

后 记

作为吴正宪小学数学教师工作站的团队成员，我们一直有一个心愿：梳理、总结吴老师多年的教学实践与探索，使之成为一线教师的学习资料，促进教师的专业成长。

感谢为本书提供案例的教师，感谢所有为本书提供支持和帮助的人，是大家的努力与付出、智慧与辛劳，才使这本书顺利完成。非常幸运，我们能够得到这样的机会，把吴老师对教育事业的热爱、对数学教学的执着、对课堂教学的思考与感悟整理出来，作为给广大小学数学教师的建议，奉献给大家。

在整理和编写的过程中，我们认真研读了吴老师的相关著作，在不断交流、讨论、反思中，再一次感悟吴老师的教育思想和教育情怀，感受吴老师充满生命活力的课堂，体会吴老师高尚的人格魅力。整个过程既艰辛又幸福，既有付出又收获良多，这也是我们难得的学习、思考和成长的过程。

感谢王彦伟、韩玉娟、张杰、刘克臣、高雪艳、李惠玲为本书的编写所付出的努力与智慧。经过10年的继续研究与探索，本书由吴正宪老师和我结合团队研究的成果进行了整体修订。吴正宪老师对整本书进行了总体策划，我对整体内容进行修订。由于水平有限，书中难免会有疏漏，恳请各位读者指正。

武维民

2024 年 1 月